Das Kindergartenfestebuch

Mechthild Wessel · Brigitte vom Wege

Das Kindergartenfestebuch

HERDER

FREIBURG · BASEL · WIEN

Bei einigen Liedern war es trotz gründlicher Recherche nicht möglich, die Inhaber der Rechte ausfindig zu machen. Honoraransprüche bleiben bestehen.

www.herder.de

Umschlaggestaltung: RSR Design Reckels & Schneider-Reckels, Wiesbaden
Umschlag- und Textillustrationen: Detlef Kersten

Satz und Gestaltung: Arnold & Domnick, Leipzig
Herstellung: fgb · freiburger grafische betriebe
www.fgb.de
Printed in Germany

ISBN 978-3-451-32541-0

Inhalt

Feste feiern! Eine Einladung

Der Geburtstag schmeckt nach Schokolade und der Advent duftet nach Zimt ... Jedes Fest ist mit wiederkehrenden Ritualen verbunden, schmeckt anders, hört sich anders an, riecht anders. Was für Erinnerungen haben Sie an die Festtage Ihrer Kindheit?

Feste sind sinnliche Erlebnisse, die den Jahreskreis im Kindergartenjahr bereits für die Jüngsten erlebbar machen – und oft sind es prägende Erfahrungen, die bis ins Erwachsenenalter nachwirken.

Feste strukturieren den Jahreslauf, sie unterbrechen den Alltag, machen erfahrbar, dass das Leben einen Rhythmus hat: Es gibt Feste voll Überschwang und Ausgelassenheit, aber auch ruhige Feste, wo alle gemeinsam innehalten.

Den Rhythmus der Jahreszeiten, die Übergänge zwischen Frühjahr, Sommer, Herbst und Winter, lernen die Kinder im Kindergarten erstmals kennen. Daher haben wir den Vorschlägen für die Gestaltung jahreszeitlicher Fest- und Feiertage (Kapitel 2) besonders viel Raum gegeben. Die meisten Festideen sind am christlichen Festkreis angelehnt (Ostern, Erntefest, St. Martin, Nikolaus, Fastnacht), aber wir haben auch Walpurgisnacht oder Halloween berücksichtigt.

Wir wollen in diesem Buch Feste als soziales, als verbindendes Element präsentieren und haben daher kulturelles Brauchtum in den Vordergrund gestellt: An allen Ideen und Aktionen können also auch nicht- oder andersgläubige Kinder in Ihrer Gruppe teilnehmen – gegebenenfalls natürlich nach Rücksprache mit den Eltern.

Im ersten Kapitel stehen Feste im Mittelpunkt, die für das Kindergartenjahr ganz wichtig sind. Das beginnt im Herbst mit der Aufnahme neuer Kinder in der Einrichtung, in der Gruppe. Natürlich braucht die Eingewöhnung Zeit, aber ein herzliches Begrüßungsfest ist ein guter Einstieg in die Eingewöhnungsphase. Und wir knüpfen mit einem solchen Fest an menschheitsgeschichtlich sehr alte Erfahrungen an: Feste rankten sich schon immer um Übergänge – im Jahreskreis der Natur, aber auch im Leben des einzelnen Menschen. So markiert auch das Kindergarten-Abschiedsfest einen wichtigen Einschnitt im Leben, der festlich gewürdigt werden sollte, den Übergang vom Kindergarten- zum Schulkind. Auch für ein solches Fest stellen wir Ideen für Sie vor (S. 150ff.).

Ganz besonders wichtig ist im Kindergarten natürlich der Geburtstag. Unabhängig von Jahreszeit oder Kindergartenfestkalender ist jeder/jede einmal König oder Königin – Mittelpunkt der Festgesellschaft, Mittelpunkt der Kindergartengruppe. Ich bin ich – und das sind die anderen. Ganz besonders sein und auch dazugehören – insbesondere für die Vorschulkinder sind dies entwicklungspsychologisch wichtige Erfahrungen. Kinder in diesem Alter sind bereits in der Lage, „über den eigenen Tellerrand' hinauszuschauen und zu fragen: Wie geht's eigentlich anderen Kindern in der Welt? Bei einem Fest zum Weltkindertag können solche Fragen spielerisch Thema werden (S. 38ff.).

Zur Festgestaltung

- Feste sind freudige Ereignisse für die Gruppe, aber auch für jedes einzelne Kind. Bei der Festgestaltung sollten Sie berücksichtigen, dass die Kinder sich als „Wir alle zusammen" erleben können, aber auch als Einzelner mit besonderen Fähigkeiten.
- Wenn möglich werden die Kinder in die Festvorbereitungen eingebunden, auch in die Herstellung der Festspeisen.
- Zu jedem Kinderfest gehören Spiele. Bei der Auswahl der Spiele bestimmen die Kinder mit. Achten Sie darauf, dass die Spiele allen – nicht nur den Siegern – Spaß machen und kreatives und kooperatives Handeln fördern. Viele bekannte Spiele können auf das Thema des Festes abgestimmt bzw. abgewandelt werden.
- Ein Fest hat einen Anfang, eine Mitte und einen Schluss. Die Festdauer sollte zwei Stunden nicht überschreiten.
- Spannende und entspannende Spiele und Aktionen wechseln sich ab.
- Eine kleine Bastelaktion kann das Aktivprogramm eines Festes bereichern. Jeder Teilnehmer hat dann ein selbst hergestelltes Produkt, das er mit nach Hause nehmen kann – Auslöser für Gespräche und Erinnerung an einen außergewöhnlichen Tag in der Kita.

Feste prägen die Lebenszeit von Kita-Kindern und strukturieren sie – weil sie wiederholt werden, stiften sie Vertrauen. Aber was bedeutet das für die Festgestaltung? Fragen Sie die Kinder in Ihrer Gruppe: Die Erwartungen der Kinder sind nicht auf spektakuläre Events und Sensationen ausgerichtet, sondern ihnen reicht es schon, bei gemeinsamen Feiern bekannte Spiele und vertraute Lieder zu spielen und zu singen.

An dieses Grundbedürfnis der Kinder knüpfen die hier vorgestellten Festvorschläge an. Gleichzeitig eröffnen sie aber auch neue Erfahrungsräume: Obwohl Kinder Wiederholungen lieben, mögen sie Variationen von Bekanntem. So muss ein Fest nicht immer nach gleichem Muster ablaufen, der Festrahmen kann geöffnet werden für Überraschungen und neue Erlebnisse.

Zu jedem Fest können Sie einleitend Hintergrundinformationen zu Anlass und Geschichte nachlesen sowie grundsätzliche Tipps zur Umsetzung in der Kita. Im Folgenden finden Sie dann thematisch geordnete Angebote: Spiele, Bastelaktionen und Kochrezepte. Sie können also je nach Gruppenzusammensetzung, Alter der Kinder und Gruppengröße ganz individuell auf Ihre Bedürfnisse zugeschnitten die Angebote kombinieren und so Feste gestalten, bei denen alle mit Freude teilnehmen können.

Wir wünschen Ihnen beim Stöbern und Planen viel Freude und gutes Gelingen bei der Realisierung!

Brigitte vom Wege
Mechthild Wessel

Ob wir Feste feiern oder feste feiern,
kommt ganz auf die Betonung an.

Wichtige Festtage in der Kita

Wir starten gemeinsam ins Kita-Jahr

Einblicke

Für Erzieherinnen bildet der Eintritt neuer Kinder in ihre Einrichtung alljährlich eine neue professionelle Herausforderung an ihren Auftrag als Begleiterin des Kindes.
Für Eltern und Kinder hingegen bedeutet der Übergang in die Kindertageseinrichtung einen Einschnitt in das gewohnte Familienleben: Es ist der Beginn einer neuen Lebensphase. Das Kind trennt sich nun täglich für einige Stunden von seinen Bezugspersonen, und es muss sich an die fremden Erzieherinnen sowie die vielen Kinder gewöhnen; es verlässt das vertraute Umfeld der Familie und muss sich allein in einer fremden Umgebung zurechtfinden und sich an einen veränderten Tagesablauf mit neuen Ordnungs- und Verhaltensregeln gewöhnen.
Auch die Eltern müssen sich auf den Ablösungsprozess einlassen, denn sie vertrauen ihr Kind fremden Personen an. Eltern und Kind sind gerade in der Anfangszeit mit der großen, fremden Kindergruppe und den unbekannten Räumen ganz besonders auf die Unterstützung und einfühlsame Begleitung der Erzieherinnen angewiesen, die Verständnis zeigen für den Trennungsschmerz des Kindes, die wissen, dass Neuanfänge hohe Anforderungen stellen, aber auch neue Erfahrungen und Chancen bergen, und die sich bemühen, den Start in die Kita für das Kind so zu gestalten, dass es eine bleibende gute Erfahrung wird.
Der Eingewöhnungsprozess kann unterschiedlich lange dauern, denn die Bewältigung des Übergangs geschieht nicht an einem Tag. Der Übergang beginnt schon, wenn in der Familie die Kita zum Thema geworden ist und endet erfolgreich, wenn das Kind sich in der Einrichtung wohlfühlt. Es ist allerdings auch nicht ungewöhnlich, wenn nach einigen Wochen der Trennungsschmerz für kurze Zeit wieder auftritt.

Tipps für die Kita

- Die pädagogisch durchdachte Gestaltung der Eingewöhnungsphase sollte Teil des Erziehungs- und Bildungskonzepts der Kita sein. Der Übergang fällt den Kindern leichter, wenn er behutsam, als vertrauensbildende Maßnahme erlebt wird. Hierbei helfen beispielsweise mehrere Besuchertage, um den Eintritt in die neue Erlebniswelt und die vielen neuen Eindrücke verarbeiten zu können.
  Durch einen möglichst schrittweisen Übergang von der vertrauten Familiensituation in den zunächst noch unübersichtlichen Kindergartenalltag kann sich das Kind nach und nach auf die neue Umgebung und die neuen Bezugspersonen einlassen.
- Wenn sich nach der langen Ferienpause viele bekannte und neue Gesichter in der Kindertageseinrichtung versammeln, gilt es zunächst, wieder miteinander vertraut zu werden. Alle Beteiligten sorgen nachdrücklich dafür, dass die Einrichtung erneut ein fester, positiver Bezugspunkt wird.
- Patenschaften der „alten" Kinder unterstützen erfolgreich die Integration der „neuen" und begünstigen somit die Bewältigung des Übergangs, hier können auch Kuscheltiere Vermittler sein.
  Die anfänglich noch unsicheren Begegnungen der neuen und „alten" Kinder können das soziale Lernen stärken und zu positiven Erfahrungen in der Gruppe werden, wenn sie z. B. bei einem „besonderen" Tag (z. B. Mein Kuscheltier-Tag) oder einem Fest (Begrüßungsfest zum Kennenlernen, bei dem miteinander gespielt, gesungen und gegessen wird) ins Zentrum der Aufmerksamkeit rücken.
- Spieletage und kleine Spielfeste können mit unterschiedlichen Aktivitäten und Akzentsetzungen gestaltet werden: Sie erleichtern zu Beginn den Neulingen das Entdecken der Räumlichkeiten, des Tagesablaufs, der Ordnungs- und Verhaltensregeln. Spielfeste helfen auch „alten" Kindern nach den langen Ferien bei der Wiederentdeckung bzw. dem „Näher-Kennenlernen" von bereits Bekanntem, sie rufen Ordnungs- und Verhaltensregeln ins Gedächtnis. Der Ablauf des Spielgeschehens sollte dabei einfach strukturiert und leicht verständlich sein. Zu Beginn sollten entspannende, auflockernde Spiele stehen, bei denen alle Kinder gleichzeitig beteiligt sind (z. B. ein Bewegungslied oder ein Fingerspiel). Begrüßungs- und Kennenlernspiele erleichtern die Gruppenintegration. Ruhige und lebhafte Spielphasen wechseln sich ab und stehen in einem ausgeglichenen Verhältnis.

Spiel-Platz

Guten Morgen

Begrüßungsvers, ab 2 Jahren

Guten Morgen! Guten Morgen, wir winken uns zu.
Guten Morgen! Guten Morgen, erst ich und dann du.
Der Tom ist da, die Aishe ist da, ... *(fünf Namen hintereinander sprechen)*

Guten Morgen! Guten Morgen, wir winken uns zu.
Guten Morgen! Guten Morgen, erst ich und dann du.
Der Hakan ist da, ... *(weitere Namen sprechen)*

Guten Morgen! Guten Morgen, wir sind alle da.

Der Vers eignet sich zur rituellen Begrüßung zu Beginn eines Spielkreises. Er kann nach einer eigenen Melodie oder als Sprechgesang vorgetragen werden.

Ein kleines graues Eselchen

Liedspiel, ab 2 Jahren

Text und Melodie überliefert

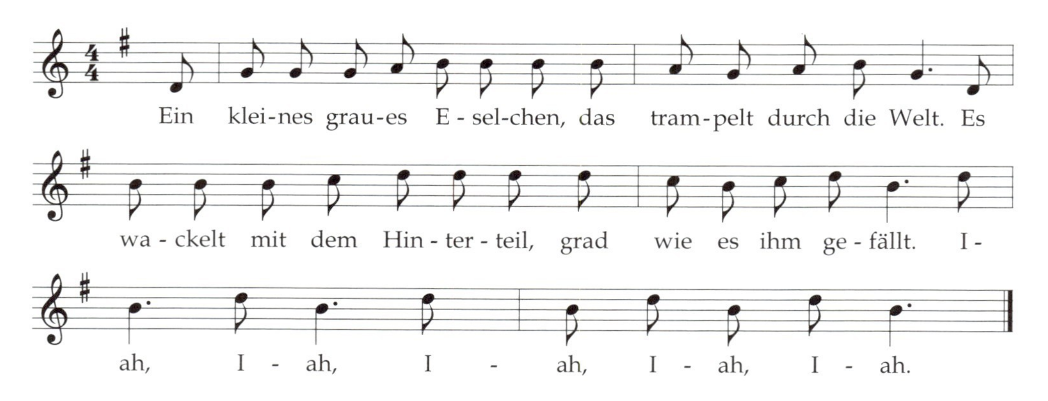

Ein Kind beginnt als Esel im Stuhlkreis umherzukrabbeln. Beim Text „wackelt mit dem Hinterteil" mit dem Popo wackeln, bei „Iah" sucht sich der Esel einen zweiten. Darauf sind zwei Esel im Kreis, dann vier, sechs, acht usw., bis alle Kinder in der Mitte sind. Nun ändert sich der Text:

So viele graue Esel, die wandern durch die Welt.
Sie sind ganz müd, sie sind ganz müd
und schlafen ganz schnell ein.

Die Kinder legen sich auf den Boden im Kreis und die Spielleitung sagt:
„Am nächsten Morgen kommt die liebe Sonne und kitzelt die kleinen Esel wieder wach."
Dabei geht sie von Kind zu Kind kitzelt es. Wer gekitzelt wurde, geht zu seinem Platz im Stuhlkreis zurück.

Im Garten steht ein Blümelein — Liedspiel, ab 3 Jahren

Im Garten steht ein Blü-me-lein,
Ver-giss-mein-nicht, Ver-giss-mein-nicht.
Und wen ich hier am lieb-sten hab,
dem win-ke ich, dem win-ke ich.
Tralla-la-la-la-la-la-lalla-la,
tra-la-lalla-la, tra-la-lalla-la.
Tralla-la-la-la-la-la-lalla-la,
tra-la-lalla-la-lalla-la.

Die Kinder fassen sich an den Händen, gehen im Kreis und singen das Lied zu einer Leiermelodie. Ein Kind geht in die entgegengesetzte Richtung und winkt einem anderen Kind. Beide tanzen, während die anderen mit Blick zur Kreismitte stehen bleiben und das Lied auf „tralla-la ..." wiederholen und in die Hände klatschen. Das Spiel beginnt von vorn und beide Kinder winken.

Im Zirkus Bella, Bella — Bewegungsspiel, ab 3 Jahren

Material: *1 Steckenpferd o. Ä.*

Im Zirkus Bella Bella
da gibt es viel zu seh'n,
da kann man für 'nen Euro,
den dummen August seh'n.

Die Spieler sitzen im Kreis. Ein Mitspieler geht mit einem Steckenpferd in die Mitte und reitet im Kreis. Alle singen zu einer Leiermelodie.

Er reitet auf 'nem Pony.
Das Pony hat 'nen Floh
und beißt den/die *(Namen des Kindes einsetzen)*
ganz schnell mal in den Po.

Der Mitspieler bleibt vor einem anderen stehen und piekt ihn mit dem Finger. Nun ist dieser Spieler an der Reihe.

Eins zwei drei im Sauseschritt

Bewegungsspiel, ab 3 Jahren

1, 2, 3 in Sauseschritt –
gehen alle Kinder mit.
Der *Lukas* ist nun an der Reih –
und läuft an uns vorbei.
Bücken, strecken rundum drehn –
viermal klatschen, stampfen, stehn.

Die Spieler stehen im Kreis und singen den Vers auf eine Leiermelodie. Das genannte Kind stellt sich in die Mitte und alle führen die Körperbewegungen aus. Die Strophe so oft wiederholen, bis alle Kinder dran waren.

Das kleine Hallo und das kleine Tschüss

Begrüßungsspiel, ab 3 Jahren

Alle sitzen im Kreis und fassen sich an den Händen. Die Spielleitung schickt das kleine „Hallo“ los, indem sie die Hand des rechten Kindes drückt und „Hallo“ sagt. Das Kind gibt Handdruck und Gruß weiter, bis sie wieder bei der Spielleitung angekommen sind.

Variante als Verabschiedungsspiel: Alle sitzen im Kreis und fassen sich an die Hände. Die Spielleitung schickt das kleine „Tschüss“ los, indem sie die Hand des rechten Kindes drückt und „Tschüss“ sagt. Das Kind gibt Handdruck und Gruß weiter, bis sie wieder bei der Spielleitung angekommen sind.

Ich sitze im Kindergarten und warte auf ...

Kennenlernspiel, ab 3 Jahren

Alle sitzen im Stuhlkreis, ein Stuhl mehr als Mitspieler. Der erste Mitspieler rutscht auf den rechten leeren Platz und sagt: „Ich sitze“, der linke Nachbar rutscht nach und sagt „im Kindergarten“, und wieder rutscht der nächste nach und sagt „und warte auf ... “. Er nennt den Namen eines Mitspielers, der sich auf den freien Platz setzen soll. Der Mitspieler, der nun rechts neben sich einen freien Platz hat, setzt das Spiel fort.

Ich sitze im Grünen

Kennenlernspiel, ab 4 Jahren

Die Kinder sitzen im Kreis und ein Platz bleibt frei. Das Kind, dessen rechter Platz frei ist, setzt sich auf diesen Stuhl und sagt: „Ich sitze.“ Das nächste Kind folgt mit den Worten „... im Grünen“ und das dritte Kind sagt „... und warte auf *Lisa*.“ Woraufhin Lisa sich auf den freien Platz setzt. Dort, wo Lisa gesessen hat, beginnt die nächste Spielrunde.

Variante: Ältere Kinder können selbst Sätze erfinden, z. B. „Ich liege – auf der Wiese – und suche ...“ oder „Ich fahre – mit dem Fahrrad – zu ...“

Alle essen gern Fingerspiel, ab 4 Jahren

Charlotte isst zum Spiegelei
am liebsten gern Kartoffelbrei.
Der Mustafa aus der Türkei
trinkt morgens, mittags gerne Çay.
Der lange Schwede Bo-Gunnar
isst mittags gerne Köttbullar.
Jean-Pierre aus Frankreich trinkt, pardon,
den Milchkaffee nur mit Croissant.
Mai-Lin, das Chinamädchen,
isst morgens Reis nur mit zwei Stäbchen
Sie wünschen sich am langen Tisch:
„Bleibt alle fit mit Appetit!“
(Text: Autorinnen)

Die Kinder sitzen am Tisch, sprechen den Vers und zeigen dabei nacheinander die Finger einer Hand, mit dem Daumen beginnen. Zum Schlusswunsch fassen sich alle Kinder bei den Händen.

Hatschi-Patschi Kennenlernspiel, ab 4 Jahren

Ein Spieler (1) verlässt die Spielgruppe. Die Gruppe benennt einen Mitspieler als Hatschi Patschi (2). Spieler 1 kommt wieder in die Gruppe, geht zu einer beliebigen Person, begrüßt sie mit Handschlag und dem Satz: „Guten Morgen, ich heiße ... und wie heißt du?“ Der Begrüßte antwortet: „Guten Morgen, ich heiße ...!“ So lange fortführen, bis Spieler 1 auf Spieler 2 trifft. Dieser antwortet: „Guten Morgen, ich heiße Hatschi Patschi!“
Jetzt springen alle auf und tauschen ihre Plätze. Spieler 1 versucht ebenfalls einen freien Platz zu erreichen. Wer keinen Platz erwischt, beginnt die nächste Spielrunde und verlässt den Raum.

Wer hat den Keks aus der Dose geklaut? Sprechspiel, ab 5 Jahren

Die Mitspieler sitzen im Kreis. Die Spielleitung beginnt mit dem Namen eines Mitspielers: „*Johannes* hat den Keks aus der Dose geklaut.“ Johannes antwortet: „Wer, ich?“ Alle: „Ja, du!“ Johannes: „Niemals!“ Alle: „Wer dann?“ Johannes: „Karoline!“ Alle: „Karoline hat den Keks aus der Dose geklaut.“
Dabei abwechselnd auf die Oberschenkel klatschen und die Worte rhythmisch sprechen. Das Spiel kann so lange gespielt werden, bis jeder Mitspieler einmal genannt wurde.

Mein rechter, rechter Platz ist frei   Kennenlernspiel, ab 4 Jahren

Die Kinder sitzen im Kreis, und ein Platz bleibt frei. Das Kind, dessen rechter Platz frei ist, beginnt und sagt: „Mein rechter, rechter Platz ist frei, ich wünsche mir die *Anna* herbei." Anna setzt sich auf den freien Platz. Das Kind, dessen rechter Platz gerade frei wurde, ist als Nächstes an der Reihe.

Variante 1: Das Kind, das an der Reihe ist, sagt: „Mein rechter, rechter Platz ist frei, ich wünsche mir *Anna als Häschen herbei*." Daraufhin hüpft Anna als Häschen zu dem freien Platz.

Variante 2 (ab 5 Jahren): Die Kinder, die neben sich den freien Platz haben, beginnen gleichzeitig: „Mein rechter, rechter/linker Platz ist frei, ich wünsche mir *Anna/Tom* herbei."

Anna und Tom springen auf, um auf den freien Platz zu kommen. Wer ist der schnellste?

Tipp: Für Kinder, die noch nicht rechts und links unterscheiden können, ist ein farbiger Punkt auf der rechten Hand hilfreich.

Abzählvers – Eine alte Frau kocht Rüben

1, 2, 3, 4, 5, 6, 7
eine alte Frau kocht Rüben,
eine alte Frau kocht Speck,
und du bist weg.
Weg bist du noch lange nicht,
sag mir erst wie alt du bist:
1, 2, 3, ...

Gesichter weitergeben   Sinnesspiel, ab 5 Jahren

Die Kinder sitzen im Kreis. Ein Kind schneidet eine Grimasse und zeigt sie seinem linken Nachbarn. Dieser macht sie nach und wendet sich wieder zu seinem linken Nachbarn, um sie weiterzugeben. Beim letzten Kind kann man sehen, was aus der anfänglichen Grimasse geworden ist.

Fallschirm Kennenlernspiel, ab 3 Jahren

Material: *1 Regenschirm*

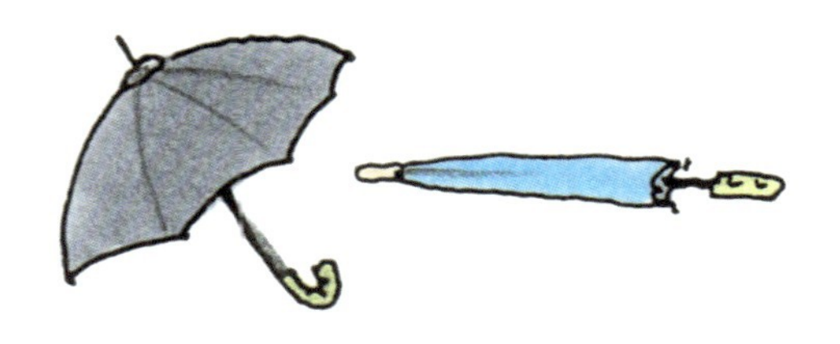

Alle sitzen im Kreis, ein Stuhl weniger als Mitspieler. Ein Kind geht mit einem geschlossenen Regenschirm nacheinander zu einigen Mitspielern und fragt: „Wie heißt du?“ Nachdem diese ihren Namen genannt haben, schließen sie sich dem Spieler an, so dass allmählich eine kleine Schlange entsteht. Lässt der erste Spieler den Regenschirm fallen, müssen sich alle einen neuen Platz suchen. Der Spieler, der keinen Platz gefunden hat, geht erneut mit dem Regenschirm herum.

Welches Tier bin ich Zuordnungsspiel, ab 5 Jahren

Tierbilder aus Zeitschriften ausschneiden und auf Papierkarten kleben.
Mit der Bildseite nach unten stapeln. Jeder Mitspieler zieht nun der Reihe nach eine Karte und stößt die Laute aus, an denen das Tier zu erkennen ist. Alle raten, was es sein könnte. Wer richtig rät, darf nun sein Tier „ertönen“ lassen.

Wir packen unseren Picknickkorb Kennenlernspiel, ab 6 Jahren

Material: *1 Korb*

Die Spieler sitzen im Kreis. In der Mitte steht ein Korb. Ein Spieler beginnt und sagt z. B.: „ Ich heiße *Anna* und packe *Ananas* in den Picknickkorb.“ Dabei steht Anna auf und legt eine imaginäre Ananas in den Korb. Der folgende Spieler in Uhrzeigerrichtung ist an der Reihe und wiederholt: „Anna hat eine Ananas in den Korb gelegt. Ich heiße Benedikt und lege eine Banane in den Korb.“ Und so geht es reihum weiter.

Tipp: Jüngere Kinder nennen nur ihre Namen und ihre Lieblingsspeisen oder Dinge, die sie auf eine Reise mitnehmen würden, ohne die vorherige Nennung zu wiederholen.

Kreativ-Werkstatt

Freundschaftsbänder ab 5 Jahren

Material: *pro Person 6 gleich lange bunte Baumwollbänder für eine Kordel oder 9 Bänder für einen Flechtzopf (Länge ca. 1 m)*

Je ein „altes" und ein „neues" Kind aus der Gruppe stellen zusammen ihre Freundschaftsbänder her. Zum Beispiel eine Kordel drehen oder einen Zopf flechten. Geeignet ist Baumwolle, da sie sich problemlos verarbeiten und auch waschen lässt. Die fertigen Bänder können um das Handgelenk gebunden oder als Haarschmuck getragen werden.

Das bin ich ab 5 Jahren

Material: *weiße Tapetenrolle, Malstifte, Schere, buntes Geschenkpapier, Kleister*

Je zwei Kinder malen nacheinander ihren Körperumriss auf Tapetenstücke. Dazu legt sich jeweils ein Kind auf die Tapete, die auf dem Fußboden liegt, während das andere Kind mit einem Stift den Umriss des Körpers nachzeichnet. Die Körperumrisse werden mit Hilfe eines Erwachsenen ausgeschnitten. Anschließend markiert jedes Kind an seinem Körperbild die gewünschten Kleidungsstücke und malt sie mit Wasserfarbe oder Fingerfarbe oder Stiften aus oder fertigt aus dem bunten Geschenkpapier die Bekleidung. Die fertigen Körperbilder dekorativ in der Kita präsentieren.

Streifenbilder ab 6 Jahren

Material: *Porträtfotos der Kinder, Fotokarton, Schere, Klebstoff*

Die Kinder zeichnen auf der Rückseite des Fotos in gleichmäßigem Abstand (ca. 1,5 bis 2 cm) gerade Linien. Anschließend das Foto entlang der Linien zerschneiden. Das Foto wieder zusammensetzen, dabei aber die Streifen etwas versetzt nebeneinander legen. Es ergibt sich ein witziger Verfremdungseffekt. Anschließend die Streifen auf Fotokarton festkleben.

Ess-Ecke

Essensspruch
Rolle, rolle, roll,
der Tisch, der ist so voll.
Der Bauch, der ist so leer,
drum brummt er wie ein Bär.

Teile-Frühstücks-Büffet ab 3 Jahren

Alle Kinder holen ihre mitgebrachten Frühstückszutaten. Die einzelnen Frühstücksteile in kleinere Portionen schneiden und gleichmäßig bunt auf bereitgestellten Tellern und in Schalen anrichten, evtl. mit Zutaten aus der Einrichtung ergänzen.
Für jeden ein Frühstücksgedeck aufstellen und die angerichteten Speisenteller in die Mitte des Tisches stellen. Nach einem Tischspruch oder Lied kann nun jeder essen, was er möchte. Während des Essens über Geschmackseindrücke und Essvorlieben sprechen und nach dem Frühstück die Aufräumarbeiten gemeinsam erledigen.

Stöckchenfrüchte mit Dip ab 3 Jahren

Zutaten: *Obstsorten der Saison (z. B. Äpfel, Birnen, Pflaumen, Weintrauben), Zitronenmelisse- oder Pfefferminzblättchen, Zitronensaft, Zahnstocher*
Für den Dipp: *200g Naturjoghurt, 2 EL Honig*

Das Obst und die Zitronenmelisse/Pfefferminzblättchen gut waschen, eventuell das Obst schälen und in häppchengroße Stücke schneiden, mit Zitronensaft beträufeln. Drei bis vier Fruchtstücke abwechselnd auf einen Zahnstocher stecken, jeweils kleine Blätter der Zitronenmelisse dazwischenschieben. Joghurt mit Honig verrühren und als Dipp zu den Früchtchen am Stöckchen reichen.

Partnerfrühstück ab 3 Jahren

Beim Partnerfrühstück können die Kinder nach dem Auspacken ihrer Brottasche mit dem rechten oder linken Nachbarn Frühstücksteile tauschen.

Essensspruch

Wir sitzen beisammen,
der Tisch ist gedeckt,
wir wünschen einander,
dass es uns schmeckt.

Cookies für alle ab 4 Jahren

Zutaten: *125 g Schokolade, 200 g Butter, 125 g Rohrzucker, 1 Päckchen Vanillinzucker, 1 Prise Salz, 1 Ei, 200 g Mehl, 1 TL Backpulver*

Schokolade hacken. Butter, Zucker, Vanillinzucker, Salz und das Ei schaumig rühren. Mehl und Backpulver mischen und unterrühren, die gehackte Schokolade unterheben. Mit zwei Teelöffeln etwa walnussgroße Portionen mit reichlich Abstand auf ein mit Backpapier belegtes Blech setzen.
Im vorgeheizten Backofen bei ca. 175 °C etwa 15 Minuten backen, bis die Ränder goldbraun werden. Die Cookies auf dem Blech ca. 5 Minuten auskühlen lassen, dann auf einem Kuchengitter erkalten lassen.

Minipfannkuchen ab 4 Jahren

Zutaten: *250 g Mehl, 3 Eier, ½ l Milch, 1 Prise Salz, 1 Päckchen Vanillezucker, 2 EL Zucker, Bratfett, Puderzucker zum Bestäuben*

Mehl in eine Schüssel sieben, Eier und Mich nach und nach dazugeben und mit einer Prise Salz, Zucker und Vanillezucker zu einem dünnen, glatten Teig verrühren.
Etwas Fett in eine beschichtete Pfanne geben und mehrere kleine Teigportionen von beiden Seiten ausbacken. Die Minipfannkuchen auf einen Teller legen und mit etwas Puderzucker bestäuben.

Wundertrank ab 4 Jahren

Zutaten: *1 Liter Pfefferminztee, 1 EL Honig, Saft einer Zitrone, 1 Banane, 3 Äpfel, 1 kleine Dose Mandarinen, 1 Flasche Mineralwasser*

Den fertig gekochten Pfefferminztee mit Honig süßen und kalt stellen. Äpfel und Banane schälen, in kleine Stücke schneiden, in eine Schüssel geben und mit dem Zitronensaft begießen. Die Mandarinen mit dem Saft dazugeben, mit dem Pfefferminztee auffüllen und nochmals kaltstellen. Kurz vor dem Servieren das Mineralwasser hinzufügen.

Gemüsefische ab 5 Jahren

Zutaten: *pro Fisch eine Scheibe Brot, Frischkäse, 1 Salatgurke, 6 kleine Tomaten, 6 Radieschen, 3 Möhren, 1 Paprika, 1 Kohlrabi, einige Salatblätter, Schnittlauch, Petersilie, Zitronenmelisse*

Das Gemüse gut waschen, Möhren und Kohlrabi schälen. In Scheiben schneiden und nach Gemüsesorten getrennt in kleine Schüsseln geben. Salatblätter und Kräuter waschen und ebenfalls getrennt in kleine Schüsseln geben. Die Brotscheibe mit Frischkäse bestreichen. An einer Seite der Brotscheibe ein Dreieck als Fischmaul herausschneiden und auf der gegenüberliegenden Seite als Schwanzflosse wieder „anhängen“. Mit dem vorbereiteten Gemüse, den Salatblättern und den Kräutern gestaltet jedes Kind einen Fisch mit bunten Schuppen nach seinem eigenen Geschmack.

Pommes-Herzen ab 4 Jahren

Zutaten: *sehr große Kartoffeln, Öl, Salz*

Große Kartoffeln auswählen und schälen (mit Hilfe der Erwachsenen). Die geschälten Kartoffeln in eine Schüssel mit Wasser legen. Die Kartoffeln in 1 cm dicke Scheiben schneiden Herzformen ausschneiden oder ausstechen.
Ein mit Backpapier ausgelegtes Backblech in den Backofen schieben, auf 240° C vorheizen. Die Pommes-Herzen auf das Blech legen, mit etwas Öl beträufeln und von jeder Seite ca.15 Minuten backen. Anschließend mit etwas Salz bestreuen.

Geburtstagsfeste

Einblicke

Der eigene Geburtstag gehört für fast alle Kinder, neben Weihnachten – ebenfalls ein Geburtsfest –, zu den Höhepunkten des Jahres. Es ist ein heiß erwarteter Tag: Meist gibt es Geschenke, und für jedes Lebensjahr brennt ein Kerzenlicht. Wer kann alle Kerzen mit einem Atemzug auspusten?

Obwohl uns das Geburtstagsfest so vertraut ist – „erfunden" wurde dieses Fest eigentlich erst vor etwas mehr als 200 Jahren. Viel wichtiger als der Tag der Geburt des einzelnen Menschen war früher der Namenstag. Lange Zeit erhielten in christlichen Ländern Neugeborene mit der Taufe (meist am Tag nach der Geburt) ihren Namen, oft den des „Heiligen des Tages". Und dieser Tag der Namensgebung wurde Jahr für Jahr gefeiert, wobei das Brauchtum – Gratulationen, im Familienkreis feiern, Geschenke – letztlich auf vorchristliches, magisches Denken zurückgeht: Man glaubte, die bösen Geister nur dadurch von einem Menschen fernhalten zu können, wenn Freunde und Verwandte sich um ihn herum versammeln, Kerzen anzünden und miteinander essen und trinken.

Die Feier des Geburtstags als biografisches, den Lebenslauf begleitendes Fest, kam erst nach der Reformation in protestantischen Gebieten im 19. Jahrhundert auf. Das Brauchtum behielt man allerdings bei – die „magischen" Schutzgesten für das Gelingen des kommenden Lebensjahrs. Heute wird das Geburtstagsfest auf der ganzen Welt gefeiert.

Und warum soll das Geburtstagskind möglichst alle Kerzen auf einmal ausblasen? Das gilt als ein „magisches" Zeichen: dann nämlich geht vielleicht ein geheimer Wunsch in Erfüllung!

Tipps für die Kita

- Auch wenn der Geburtstag im Leben eines Kindes ein wichtiges Ereignis ist, so hat er doch in der Kita einen anderen Stellenwert als in der Familie. Ein Kindergeburtstag bietet der Erzieherin die Möglichkeit, soziales Handeln und soziale Sensibilität unmittelbar erfahrbar zu machen. Einerseits soll sich das Geburtstagskind als Mittelpunkt erleben, zum anderen soll die Gruppe sensibilisiert werden, das Geburtstagskind auf eigene Weise zu erfreuen.
- Die Feier selbst ist Höhepunkt für die Gesamtgruppe. In den meisten Einrichtungen ist sie geprägt durch Rituale, die den festlichen Charakter herausstellen. Diese rituelle Gestaltung baut Spannung auf und erzeugt bei den Kindern eine besondere Erlebnistiefe, auch in der Erwartung des künftigen eigenen Geburtstags.
- Allgemeine Geburtstagsrituale:
  - ein Foto des Geburtstagskindes im Geburtstagskalender hervorheben,
  - ein geschmückter Geburtstagstisch mit der dem Alter entsprechenden Kerzenanzahl und einem Geburtstagsgeschenk von der Kita,
  - Aufsetzen einer „Geburtstagskrone“ o. Ä.,
  - ein besonders gestalteter Sitzplatz für das Geburtstagskind,
  - ausgewählte Gäste,
  - Geburtstagslied(er),
  - das Geburtstagskind wird beglückwünscht, alle lassen es „hochleben“,
  - es darf das Geschenk auspacken,
  - gemeinsames Geburtstagsessen,
  - Auspusten der Kerzen.
- Wenngleich diese oder andere Geburtstagsrituale in der Einrichtung zu den regelmäßig wiederkehrenden Elementen gehören, so sollte dem Geburtstagskind bei der Auswahl der Spiele, Lieder und Geschichten individuelle Entscheidungsfreiheit eingeräumt werden.
- Zu den Geburtstagen ihrer Kinder bringen die Eltern meist Kuchen oder Süßigkeiten für die Gesamtgruppe mit. Hierbei sollten die Erzieherinnen darauf achten, dass kein Wettbewerb der Eltern untereinander entsteht. Nicht alle Eltern wollen bzw. können sich in dieser Weise einbringen. Zudem ist vielen Kindern das süße Mitbringsel gar nicht so wichtig. Die gemeinsame Zubereitung einer Geburtstagsspeise kann hingegen viel mehr Spaß machen.

Spiel-Platz

Geburtstagsständchen Spiellied, ab 3 Jahren

Text: Paula Dehmel, Melodie: überliefert

2. Guckt das Eichhörnchen runter:
   Wenig Zeit, wenig Zeit!
   Guten Morgen, ...

3. Kommt das Häschen gesprungen,
   macht Männchen vor Freud:
   Guten Morgen, ...

4. Steht der Kuchen auf dem Tisch,
   macht sich dick, macht sich breit:
   Guten Morgen, ...

Die Kinder sitzen im Kreis, singen das Geburtstagslied und führen passende Bewegungen zum Text aus (Strophe 1: auf das Geburtstagskind zeigen, Strophe 2: Hand über die Augen halten, Strophe 3: wie ein Häschen hüpfen, Strophe 4: gerade hinstellen, dann in die Knie gehen und die Arme ausbreiten).

Geburtstagsfeier der Maus Fingerspiel, ab 3 Jahren

Eine Maus geht spazieren.

Zeige und Mittelfinger krabbeln über beide Oberschenkel,

Sie trifft einen Igel,
dann einen Elefanten,
zuletzt eine Schlange.

einzelne Finger pieksen,
die Faust stampft,
die ganze Hand streicht über die Oberschenkel.

Sie lädt sie zum Geburtstag ein.
Zuerst kommt der Igel,
dann der Elefant,
zum Schluss die Schlange.
Sie feiern, lachen und tanzen.

Pieksen,
stampfen,
streicheln.
Überall kitzeln.

Als sie müde werden,
gehen sie wieder nach Hause.
Zuerst der Igel,
dann der Elefant,
um am Ende die Schlange.

Geburtstagswunsch

Alle Tauben gurren es,
alle Katzen schnurren es,
alle Bienen summen es,
alle Bären brummen es,
alle Leute sind erfreut,
dein Geburtstag, der ist heut.
Für das nächste Wegestück
wünschen wir ein Zentner Glück,
Kraft im Arme, Freundlichkeit,
Grips im Kopfe, Fröhlichkeit
und von Plänen groß und toll
alle deine Taschen voll.
(Verfasser unbekannt)

Geburtstagszoo Rollenspiel, ab 3 Jahren

Ich bin die kleine Glückwunsch-Maus
und strecke dir mein Pfötchen aus.

Ich bin die sanfte Glückwunsch-Katze
und streichel dich mit meiner Tatze.

Ich bin der freche Glückwunsch-Hase
und zupfe dich an deiner Nase.

Ich bin der Glückwunsch-Elefant
und reich dir meine Rüssel-Hand.

Ich bin das Glückwunsch-Känguru
und werf dir eine Kusshand zu.

Ich bin der Glückwunsch-Papagei
und gratulier mit viel Geschrei.

Zum Schluss wünscht dir die ganze Schar
„Ein frohes neues Lebensjahr!“

Die Rollen werden vor dem Spiel verteilt. Sind die Kinder sprachlich noch nicht in der Lage, ihre Rolle selbst zu sprechen, kann auch die Erzieherin den Text sprechen. Die einzelnen „Tiere“ gehen zum Geburtstagskind und führen dort die Bewegungen passend zum Text aus.

Lustige Geburtstagsgeschenke Sprachspiel, ab 5 Jahren

Die Spieler sitzen im Kreis. Jeder flüstert seinem linken Nachbarn ins Ohr, was er ihm gerne schenken würde und dem rechten Nachbarn, was er mit diesem Geschenk machen soll. Danach erzählen alle nacheinander von ihren Geschenken und den kuriosen Tätigkeiten, zum Beispiel: *„Ich bekomme eine Taucherbrille und soll damit Fußball spielen.“*

Weil heute dein Geburtstag ist Liedspiel, ab 3 Jahren

Text: Kurt Hängekorb, Melodie: Siegfried Bimberg

Bevor der Geburtstagskuchen gemeinsam gegessen wird, singen die Kinder dieses Lied. Bei der zweiten Strophe bringt jedes Kind dem Geburtstagskind eine Blume.

2. Sogar ein bunter Blumenstrauß
schmückt heute deinen Tisch.
Wenn du den Strauß ins Wasser stellst,
dann bleibt er lange frisch.

3. Und wenn du einen Kuchen hast,
so groß wie'n Mühlenstein
und Schokolade auch dazu,
dann lad uns alle ein.

Wo ist die Geburtstagsschatzkiste? Sinnesspiel, ab 3 Jahren

Material: *eine Geburtstagskiste (Bastelanleitung S. 33), ein Wecker*

Das Geburtstagskind wird aus dem Raum geschickt. Währenddessen verstecken die Kinder die Geburtstagskiste mit dem Geschenk und einem laut tickenden Wecker. Das Geburtstagskind wieder hereinholen, es muss nun gut lauschen: Wo tickt der Wecker? Wo ist die Geburtstagskiste? Bei jüngeren Kindern können die Älteren durch Zuruf von „heiß!" und „kalt!" helfen.
Hat das Geburtstagskind die Kiste gefunden, wird sie auf den Geburtstagstisch gestellt und mit einem Zauberstab und folgendem Zauberspruch geöffnet:

Kerzenlicht und Kuchenduft
und etwas Geburtstagsluft.
Alles ist so feierlich,
Geburtstagskiste öffne dich.

Waldgäste Singspiel, ab 3 Jahren

Text: Autorinnen, Melodie: überliefert

1. Die *Jenni* hat Geburtstag heut,
   so sehr hat sie sich drauf gefreut.
   Fiderallala, fiderallala, fiderallalalala.

2. Wir laden Tiere groß und klein
   zum Fest in unsere Kita ein.
   Fiderallala ...

3. Der Maulwurf, der ist ziemlich blind,
   ob er den Weg zur Jenni find?
   Fiderallala ...

4. Der Hoppelhase Mümmelmann
   macht Männchen flink so gut er kann.
   Fiderallala ...

5. Der Fuchs mit seinem langen Schwanz
   bringt Jenni den Geburtstagskranz
   Fiderallala ...

6. Der Schmetterling schwebt leis heran,
   schau dir die bunten Flügel an.
   Fiderallala ...

7. Der Kuckuck singt zwei Töne dir:
   „Wie alt bist du? So sag es mir!"
   Fiderallala ...

8. Der Auerhahn, der Auerhahn,
   der zündet jetzt die Kerze an.
   Fiderallala ...

9. Das Eichhorn bringt dir eine Nuss,
   gib ihm dafür nen kleinen Kuss.
   Fiderallala ...

10. Die Schneck in ihrem Schnecken-
    haus
    streckt dir zum Gruß die Fühler
    raus.
    Fiderallala ...

11. Wer springt da frisch gewaschen her,
    der kleine Waschbär brummt gar
    sehr.
    Fiderallala ...

12. Die Raben, die Raben,
    die bringen Festtagsgaben.
    Fiderallala ...

13. Wir gratulieren, Groß und Klein,
    die Jenni soll sich heute freun!
    Fiderallala ...

Die Kinder sitzen im Halbkreis, während das Geburtstagskind an seinem Geburtstagstisch sitzt. Jeder übernimmt eine Rolle und agiert in der entsprechenden Strophe. Zum Refrain klatschen alle.

Geburtstagsrakete Bewegungsspiel, ab 3 Jahren

Das Geburtstagskind wünscht sich von allen Kindern eine „Geburtstagsrakete“ in einer bestimmten Farbe, auch eine bunte ist möglich. Die Rakete zündet wie folgt:

Fingerklopfen auf den Tisch,
Handflächen auf den Tisch,
Fäuste auf den Tisch,
klatschen und mit den Füßen stampfen,
Hände von unten nach oben ausstrecken, dabei Raketengeräusch nachahmen.

Zum Schluss die gewünschte Farbe rufen, zum Beispiel: *„Ahh, eine rooote!“*

Abzählreim
In unserm kleinen Haus,
da wohnt Familie Maus.
Die Kleinste guckt heraus
und wird Geburtstagsmaus.

Wer ist das Kätzchen? Sinnesspiel, ab 5 Jahren

Material: *Augenbinde*

Alle Mitspieler sitzen im Kreis. Ein Spieler, die Geburtstagsmaus, wird durch einen Abzählreim bestimmt und bekommt die Augen verbunden. Diese schleicht nun im Kreis herum, hält bei einem anderen Spieler und spricht:

„Ich bin die Geburtstagsmaus, ich bin sehr schlau, du kleines Kätzchen sag mal Miau!“

Nach dem Gehör soll die Geburtstagsmaus den Namen des Kätzchens (Mitspieler) erraten. Wem es gelingt, den richtigen Namen des Kindes zu nennen, übernimmt die Rolle der Maus.

Hast du meinen Freund gesehen? Laufspiel, ab 5 Jahren

Alle Mitspieler stellen sich mit dem Abstand einer Kinderarmlänge in einem Kreis auf. Das Geburtstagskind macht den Anfang, geht um den Kreis herum und fragt jeden einzelnen Mitspieler:
„Hast du meinen Freund gesehen?“ Der fragt zurück: „Wie sieht er denn aus?“ Das Kind beschreibt nun einen beliebigen Mitspieler aus dem Kreis. Sobald der gemeinte Spieler sich selbst erkennt, läuft er los, um seinen „Freund“ zu fangen. Der wiederum versucht, die frei gewordene Lücke zu besetzen. Wer es schafft, ohne vorher berührt zu werden, ist erlöst, und der beschriebene Spieler geht nun selbst auf die Suche nach seinem Freund.

Kreativ-Werkstatt

Geburtstagskerze ab 3 Jahren

Material: *je eine weiße Stumpenkerze (z. B. 8 cm Durchmesser, 18 cm hoch); Plattenwachs in den Farben Rot, Gold, Silber, Weiß, Grün, Blau, Braun, Gelb, Küchenmesser*

Für jüngere Kinder eignen sich als Dekoration für eine Geburtstagskerze einfache Formen und Muster wie z. B. Punkte, Jahreszahlen, Blumen, die aus den Wachsplatten mit dem Messer ausgeschnitten oder mit den Fingern aus Wachs geformt und auf die Kerze gedrückt werden. Bevor die Teile auf die Kerze geklebt werden, sollte durch loses Auflegen die Wirkung geprüft werden.

Tipp:
Eine große Kerze kann für das jeweilige Geburtstagskind von mehreren Kindern als Gemeinschaftsarbeit gestaltet werden.

Geburtstags-Haus (Kalender) mit Hilfe eines Erwachsenen

Material: *Pappe (ca. 100 x 70 cm), Permanentstift, Fotos der Kinder aus der Gruppe und ihrer Erzieherinnen, Klebstoff, Klettband, Schere, Filz (in den Farben rot, weiß, grün, gelb)*

Auf der Pappe ein Haus mit der entsprechenden Anzahl an Fenstern aufzeichnen wie Personen in der Gruppe sind. Die Fenster mit Fotos, Namen und Geburtsdaten der Kinder und Erzieherinnen bekleben (nach Jahreszeiten geordnet). Unter jedem Fenster einen Klettstreifen als Blumenkasten befestigen. Blumen aus Filz ausschneiden (je nach Jahreszeit bekommen die Kinder rote (Herbst), weiße (Winter), grüne (Frühling) oder gelbe (Sommer) Blumen. Hat ein Kind Geburtstag, darf es eine neue Blume hinzufügen.

Geburtstagsthron mit Hilfe eines Erwachsenen

Material: *ein alter Holzstuhl, blaue und weiße Abtönfarbe, 3-lagige Servietten mit passenden Motiven, Schere, Serviettenkleber, Schwamm, Klarlack, Pappe, Goldfarbe, Heißkleber*

Einen Holzstuhl mit blauer Abtönfarbe grundieren.
Aus Servietten Motive (z. B. Sterne) entlang der Kontur ausschneiden und nur die erste farbige Lage zur weiteren Verarbeitung abnehmen.
Den Stuhl mit weißer Abtönfarbe in der Größe des Motivs einstreichen. Die Farbe trocknen lassen. Danach den weißen Untergrund mit Serviettenkleber einstreichen.
Die Serviette auflegen und vorsichtig glatt streichen. Mit dem Pinsel noch einmal eine Schicht Serviettenkleber auf die Serviette streichen. Wieder gut trocknen lassen. Um die aufgeklebte Serviette herum mit einem Schwamm weiße Abtönfarbe auftupfen. Wenn die Farbe getrocknet ist, mit Klarlack überziehen. An der Rückenlehne des Stuhls mit Heißkleber eine Krone aus Pappe anbringen.

Geburtstagsstirnbänder aus Stoff oder Tonkarton ab 3 Jahren

Material: *breites Nahtband oder Tonkarton, Schere, Stoffmalfarbe oder Stoffmalstifte oder Filzstifte, Klebstoff, ausgestanzte Figuren, Glitzersteine, Hutgummi*

Kopfumfang des Trägers messen und die entsprechende Länge des Nahtbandes bzw. Tonkartons abschneiden. Nun kann das Geburtstagskind sein Stirnband mit Stoffmalfarbe bzw. Stoffmalstiften, Filzstiften oder ausgestanzten oder ausgeschnittenen Motiven (für jüngere Kinder besser geeignet) individuell gestalten, zum Beispiel:

- mit Name, Geburtsdatum oder Alter
- mit Glückskäfern (Kartoffeldruck)
- mit dem Symbol des Garderobenhakens (Anzahl = Alter des Kindes)
- mit Fußbällen, Autos
- mit ausgeschnittenen Kerzen (Anzahl = Alter des Kindes)
- mit Glitzersteinen
- mit ausgeschnittenen oder ausgestanzten Figuren

Rechts und links ein kleines Loch in das Nahtband bzw. den Tonkarton stechen, ein Hutgummi durchfädeln und verknoten

Geburtstagsschatzkiste ab 4 Jahren

Material: *leerer Schuhkarton mit Deckel, Glitzerfolien, Goldpapier, Perlen, Muscheln, Kordeln, ausgestanzte Formen zum Verzieren des Kartons, Schere, Klebstoff*

Den Karton fantasievoll dekorieren – so wird daraus eine Geburtstagsschatzkiste, in der das Geburtstagskind sein Geschenk überreicht bekommt (siehe Suchspiel: Wo ist die Geburtstagsschatzkiste?, S. 27).

Geburtstagsorden ab 5 Jahren

Material: *Tonkarton, Krepppapier, Schere, Glitzerkleber oder Filzstifte, Klebestift, Geschenkband*

Zwei Kreise in Bierdeckelgröße aus Tonkarton ausschneiden. Auf einen Tonkartonkreis mit Glitzerkleber oder Filzstiften die passende Zahl mittig aufmalen. Ein Streifen Krepppapier zu einer Ziehharmonika falten bzw. raffen und als Manschette hinter den bemalten Tonkartonkreis kleben. Geschenkband in der entsprechenden Länge abschneiden und beide Enden auf der Rückseite festkleben. Den zweiten Kreis auf die Rückseite kleben, so dass die aufgeklebte Fläche der Manschette und des Geschenkbandes nicht mehr sichtbar ist.

Kopfschmuck für das Geburtstagskind

Das Geburtstagskind sucht sich einen Kopfschmuck aus, der dann gemeinsam mit der Erzieherin hergestellt und gestaltet wird.

Geburtstagskrone ab 4 Jahren

Material: *rotes und goldenes Tonpapier, Schere, Klebstoff, Hutgummi*

Die Umrisse einer Krone auf das goldene Tonpapier zeichnen und ausschneiden (vorher den Kopfumfang des Trägers messen, dabei 3 cm Kleberand lassen). Aus dem roten Tonpapier kleine Rauten, Kreise oder andere Formen ausschneiden und auf die Krone kleben. Es können auch Schmucksteinchen in der Anzahl des Alters aufgeklebt oder mit Glitzerstiften Muster aufgemalt werden. Nun die Krone zusammenkleben, rechts und links ein kleines Loch stechen, ein Hutgummi durchfädeln und verknoten.

Burgfräulein-Hut ab 5 Jahren

Material: *Fotokarton, 70 x 100 cm, Klebstoff (am besten Heißkleber) oder doppeltes Klebeband, Pinsel, Acrylbastelfarbe, Filzstifte oder Wasserfarben, Borte, Tüll oder Gardinenstoff, Hutgummi*

Auf den Fotokarton wird ein Kegel mit den Seitenlängen 50 cm aufgemalt und ausgeschnitten. Den Karton zu einer Tüte rollen, dem Kopfumfang des Geburtstagskindes anpassen und die beiden Außenseiten mit dem Klebstoff oder dem doppelseitigen Klebeband zusammenkleben.
Der Hut darf nun nach Herzenslust bemalt und verziert werden. Damit er besser auf dem Kopf hält, wird noch das Hutgummi angepasst und befestigt. Zuallerletzt fixiert man mit Kleber den Tüll an der Spitze des Hutes.

Piratenhut ab 4 Jahren

Material: *ein großer Bogen schwarzes Tonpapier, weißes Tonpapier, Schere, Klebstoff, alternativ weiße Deckmalfarbe oder weiße Holzstifte*

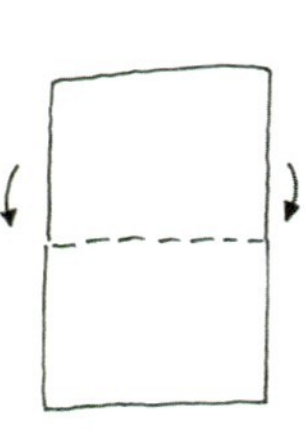

Das schwarze Tonpapier einmal quer falten. Die beiden oberen Ecken nach unten klappen, bis sie sich in der Mitte treffen. Nun die beiden schmalen Streifen an der Unterseite vorne und hinten nach oben falten. Die Ecken umbiegen und festkleben. Zum Schluss die Unterseite des Piratenhutes auseinanderziehen.
Nun kann sich der Geburtstagspirat auf weißem Ton- oder Zeichenpapier einen Totenkopf, andere Piratensymbole oder den eigenen Namen aufzeichnen, ausschneiden und aufkleben. Alternativ können auch fertige Motive ausgeschnitten und auf den Piratenhut geklebt werden oder mit einem weißen Stift oder Deckweiß direkt auf das schwarze Tonpapier gemalt werden.

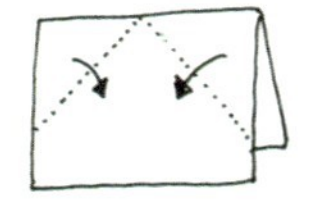

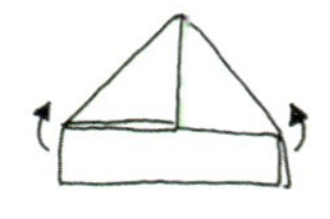

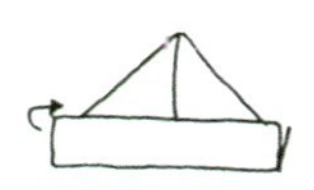

Ess-Ecke

Die Geburtstagsspeisen können vor der Feier von der ganzen Gruppe gemeinsam vorbereitet werden – die Waffeln (siehe S. 37) können frisch zum Geburtstagskaffeetrinken gebacken werden.

Würstchen im Segelboot (für 12 Stück) ab 4 Jahren

Zutaten: *1 Päckchen Trockenhefe, 300 ml lauwarmes Wasser, 2 EL Tomatenmark, 2 EL Rapsöl, 1 TL Oregano, 1 TL Salz, 500 g Mehl*
Für die Füllung: *Sojawürstchen oder andere Würstchen (ca. 7 cm), 100 g Tofu-Pastete*
Für die Segel: *Salatblätter, 12 Holzspieße*

Hefe nach Packungsangabe vorbereiten. Wasser mit Tomatenmark verrühren, Öl, Oregano und Salz einrühren und Mehl zugeben. Den Teig 5–10 Minuten kräftig durchkneten und an einem warmen Ort ca. 30 Minuten gehen lassen. Nochmals kräftig durchkneten. Teig ausrollen und 12 Quadrate (ca. 10 x 10 cm) ausschneiden. Auf jedes Quadrat einen Teelöffel Tofu-Pastete in Länge und Breite des Würstchens aufstreichen. Würstchen in die Mitte legen, Teig jeweils bis zum Würstchen einklappen und an den Enden gut zusammendrücken. Boote auf ein mit Backpapier ausgelegtes Backblech setzen und weitere 10 Minuten gehen lassen. Anschließend bei 180 °C etwa 20 Minuten backen.
Als Segel ein Salatblatt mit einem Holzspieß in das Würstchen stecken.

Schoko-Bananen-Lolli ab 4 Jahren

Zutaten: *½ Banane, Kuvertüre, bunte Streusel, Kokosraspeln oder gehackte Mandeln*

Eine halbe, geschälte Banane der Länge nach auf zwei Schaschlikstäbe spießen, in geschmolzene Kuvertüre tauchen und in bunten Streuseln, Kokosraspeln oder gehackten Mandeln wälzen.

Geburtstagsmäuse (für ca. 10 Mäuse) ab 4 Jahren

Zutaten: *125g Magerquark, 4 EL Milch, 1 EL Öl, 1 Ei, 50g Zucker, 1 P. Vanillezucker, 250g Mehl, 1 P. Backpulver, 150g abgezogene gemahlene Mandeln*

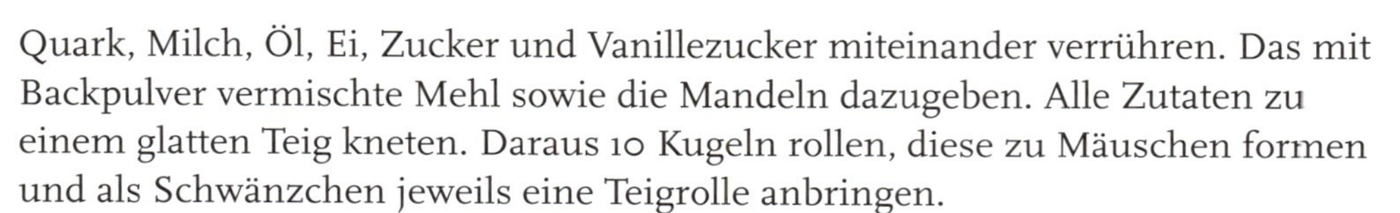

Dekoration: *1 Eigelb, etwas Milch, Backoblaten (4cm Durchmesser) für die Ohren, rote und blaue Back & Speisefarbe für Augen, Mund und Barthaare*

Quark, Milch, Öl, Ei, Zucker und Vanillezucker miteinander verrühren. Das mit Backpulver vermischte Mehl sowie die Mandeln dazugeben. Alle Zutaten zu einem glatten Teig kneten. Daraus 10 Kugeln rollen, diese zu Mäuschen formen und als Schwänzchen jeweils eine Teigrolle anbringen.
Ein Backblech mit Back-Trennpapier auslegen, die Mäuse daraufsetzen. Eigelb mit Milch verrühren und jede Maus damit bestreichen. Als Ohren werden die Backoblaten eingesteckt. Augen, Mund und Barthaare mit der Back & Speisefarbe aufmalen.
Anschließend im vorgeheizten Backofen bei 200 °C ca. 20 Minuten backen.

Prickel-Bonbons mit Hilfe eines Erwachsenen, ab 6 Jahren

Zutaten: *125 g Zucker, 125 g Brausepulver*

Zucker und Brausepulver gut vermischen! Anschließend unter stetigem, aber nicht allzu heftigem Rühren bei geringer Hitze erhitzen. Abkühlen lassen. Dann in kleine Bröckchen zerteilen, in Alufolie wickeln und als Leckerei an die Geburtstagsgäste verteilen.
Beim Lutschen der Bonbons prickelt das Brausepulver auf der Zunge.

Geburtstagsriegel ab 6 Jahren

Zutaten: *1 ½ Tassen Mehl, 300g Müsli (Mischung aus Haferflocken, Rosinen, Nüssen, Trockenfrüchten), 3 Eier, 3 EL Öl, 3–4 EL Honig, etwas Vanille, knapp ¼ l Apfelsaft oder Wasser*
Zum Bestreuen: *Sesam, Sonnenblumenkerne oder gehackte Nüsse*

Mehl mit der Müslimischung vermengen, die Eier trennen und das Eigelb mit Öl, Honig und Apfelsaft verrühren. Unter die Müslimischung geben. Das Eiweiß zu steifem Schnee schlagen und vorsichtig unter den Teig heben. Auf einem mit Backpapier ausgelegtem Backblech gleichmäßig verteilen und mit Sesam und Sonnenblumenkernen oder Nüssen bestreuen.
Backzeit: ca. 20 Minuten, 200 °C, mittlere Schiene.
Den noch warmen Teig in Rechtecke schneiden.

Geburtstags-Waffeln (ca. 10 Stück) ab 6 Jahren

Zutaten: *2 ½ Tassen Weizenvollkornmehl, 1 Tasse gemahlene Nüsse, ½ Päckchen Trockenhefe, 100g zerlassene Butter, 4 Eier, 4 EL flüssiger Honig, 1 EL Zimt, etwas Vanille, ½ l Milch, Sesamkörner für das Waffeleisen, vorgefertigte Schablonen aus Pappe mit den Ziffern 3–6, Puderzucker, Puderzuckersieb.*

Alle Zutaten zu einem glatten Teig verrühren, ½ Stunde ruhen lassen und falls der Teig zu dickflüssig ist, noch etwas Milch hineinrühren. Das vorgeheizte Waffeleisen leicht einfetten, mit Sesamkörnern ausstreuen und eine Schöpfkelle Teig hineingeben.
Auf jede Waffel wird eine Schablone aus Pappe mit dem entsprechenden Alter des Geburtstagskindes gelegt und mit Puderzucker bestreut. Anschließend wird die Schablone wieder entfernt und die Ziffer ist deutlich zu erkennen.

Tipp
Der Prozess des Waffelbackens wird von jüngeren Kindern als langwierig und eintönig empfunden und sollte daher nur kurzzeitig mit einem Erwachsenen gemeinsam übernommen werden.

Weltkindertag

Einblicke

Der Weltkindertag ist ein relativ junges Fest. Am 14. Dezember 1954 empfahl die Generalversammlung der Vereinten Nationen ihren Mitgliedsstaaten, den „Universal Children's Day" einzuführen. Er wurde von den Vereinten Nation in einer Konvention beschlossen, um jedes Jahr erneut an die Rechte der Kinder in aller Welt zu erinnern und Jungen und Mädchen rund um den Globus aufzurufen, sich für ihre Rechte und Träume stark zu machen.

Alle Kinder haben das Recht

- *auf Gleichheit, egal, welche Religion, Hautfarbe, Herkunft oder welches Geschlecht oder Behinderung sie auch haben mögen.*
- *auf Gesundheit und medizinische Versorgung.*
- *auf einen Namen und eine Staatsangehörigkeit.*
- *auf ausreichende Ernährung, Kleidung, menschenwürdige Wohnverhältnisse.*
- *auf besondere Unterstützung und Betreuung bei Behinderung.*
- *auf Liebe, Verständnis und Geborgenheit.*
- *auf unentgeltlichen Unterricht, auf Spiel und Freizeit.*
- *auf freie Meinungsäußerung, Information und Gehör.*
- *auf Beteiligung an der Gestaltung der eigenen Umwelt.*
- *auf Schutz vor Grausamkeit, Missbrauch, Vernachlässigung und Ausbeutung.*
- *auf Schutz im Krieg und auf der Flucht.*
- *auf Schutz vor Diskriminierung und auf eine Erziehung im Geist der weltweiten Brüderlichkeit, des Friedens und der Toleranz.*
- *auf Freiheit.*

50 Jahre nach seiner offiziellen Einführung wird der Weltkindertag heute in mehr als 145 Ländern gefeiert, um weiterhin auf die Lage der Kinder aufmerksam zu machen.

In Deutschland wird der Weltkindertag am 20. September bzw. meist am darauffolgenden Wochenende gefeiert. In vielen Städten und Gemeinden finden Kinder- und Familienfeste statt, außerdem werden Ausstellungen gezeigt, Diskussionen von Kindern mit Politikern über die Kinderfreundlichkeit ihrer Kommune geführt etc.

Tipps für die Kita

- In fast jeder Kindertageseinrichtung sind Kinder unterschiedlicher sozialer Herkunft, verschiedener Nationalitäten und aus anderen Kulturkreisen anzutreffen. Die pädagogischen Fachkräfte in Tageseinrichtungen achten daher täglich auf die Rechte der Kinder. Sie wertschätzen die Kinder als individuelle Persönlichkeit mit spezifischen Wünschen, Vorlieben, Abneigungen und Erfahrungen. In ihrem pädagogischen Bemühen versuchen sie, die kindlichen Verhaltensweisen anzunehmen und zu verstehen.
- Kulturell-ethisch geprägte Unterschiede der Kinder sind eine Erweiterung und Bereicherung nicht nur der kindlichen Lebenswelt. Während eines Festes, seiner Vorbereitung und Durchführung, können auf unkomplizierte Weise neue Kontakte und Freundschaften entstehen. Toleranz und Akzeptanz werden erlebt, denn beim Spielen, Singen, Tanzen und Essen kommen sich Menschen näher.
- Integrative und interkulturelle Erziehung geschieht auch bei einer gemeinsamen Festgestaltung. Sie erleichtert es dem einzelnen Kind, in der Gemeinschaft zurechtzukommen, eigene Kompetenzen einzuschätzen und auch zu nutzen. Bei den Planungsüberlegungen bringen Kinder ihre Wünsche und Interessen ein, und bei der Festgestaltung kann sich jeder mit seinen Stärken einbringen und Anerkennung erfahren.
- Zu einem Fest am Weltkindertag auf dem Kita-Gelände werden auch die Kinder aus der Nachbarschaft der Kita eingeladen. Mit selbst hergestellten Plakaten wird zuvor auf das Fest aufmerksam gemacht und eingeladen.
- Eltern, Geschwister und Nachbarskinder beteiligen sich genauso wie die Kita-Kinder aktiv an den Vorbereitungen und tragen so zum Erfolg des Festes bei. Es werden passende Lieder und Spiele für Große und Kleine, gestalterische und kulinarische Angebote ausgewählt, die je nach den Wetterbedingungen im Freien oder in den Kita-Räumen ausgeführt werden.
- Auch wenn nur einmal im Jahr ein Fest zu Ehren der Kinder stattfindet, die Grundidee des Weltkindertages – *Achtung vor Kindern* – sollte den alltäglichen Umgang und das Handeln und Verhalten der pädagogischen Fachkräfte bestimmen.

Spiel-Platz

Ich und du, du und ich

Text: Rolf Krenzer, Musik: Detlef Jöcker, aus: Lieber Frühling, lieber Frühling

2. Kommst du weit her aus Vietnam
und du aus der Türkei,
aus Indien oder Afrika,
da ist doch nichts dabei.
Dass jeder Mensch ganz anders ist,
ist für uns alle gut,
denn es kommt darauf an,
was man zusammen tut.
Refrain: Ich und du, du und ich ...

3. So viele Blumen, wie ihr wisst,
auf jeder Wiese stehn.
Dass jede Blume anders ist,
macht erst die Wiese schön.
Dass wir auch später uns verstehn,
das wünscht sich jedes Kind,
dass wir, wenn wir erwachsen sind,
noch immer Freunde sind.
Refrain: Ich und du, du und ich ...

Die Kinder gehen zum Text der einzelnen Strophen im Kreis herum. Beim Refrain finden sich zwei Kinder zusammen und stellen den Text pantomimisch dar: auf den anderen zeigen, auf sich selbst zeigen, einander die Hand geben und im Kreis umeinander tanzen. Danach trennen sich die Kinder wieder und gehen zur nächsten Strophe im Kreis herum. Natürlich können sich zum Refrain auch mehrere Kinder zusammenfinden.

Havada - Kavada - Denizde
In der Luft - auf der Erde - im Wasser

Ballspiel, ab 4 Jahren

Material: *Ball*

Die Spielteilnehmer stehen im Kreis. Einer steht in der Mitte, wirft einen Ball zu einem Kind und ruft z. B. „Havada!“ Daraufhin muss dieses Kind den Ball fangen und etwas nennen, was sich in der Luft bewegt. Lässt das Kind den Ball fallen oder sagt es etwas Unpassendes, geht es in die Kreismitte und wirft den Ball erneut einem anderen Kind zu. Bei diesem Spiel können sowohl türkische als auch deutsche Begriffe genannt werden.

Izzy bizzy spider Fingerspiel, ab 3 Jahren

Text und Melodie aus England überliefert

The izzy bizzy spider went up the water spout	Imse, bimse Spinne wie lang dein Faden ist.	*Zeigefinger und Daumen abwechselnd aufeinanderlegen, dabei Arme langsam heben,*
down came the rain and washed the spider out	Fällt herab der Regen und der Faden riss.	*Arme auf und ab heben, mit den Fingern wackeln, Hände auf die Oberschenkeln fallen lassen.*
out came the sun and dried up all the rain	Kommt die liebe Sonne und trocknet den Regen auf,	*Mit den Armen einen Kreis formen und Hände aneinander reiben,*
and the izzy bizzy spider went up the spout again.	Imse, bimse Spinne, klettert wieder rauf.	*Daumen-/Zeigefingerbewegung wie oben.*

Das Lied langsam und betont singen, dazu die angegebenen Fingerbewegungen ausführen.

Aramsamsam Bewegungslied, ab 3 Jahren

Text und Melodie überliefert

Den Reim in normaler Geschwindigkeit singen; immer schneller werden; ganz langsames Tempo; immer lauter werden, bis hin zum Schreien; ganz leise singen, bis sich nur noch die Lippen bewegen; Vokale austauschen – e, i, o, u:

Erem sem sem ...
Irim sim sim ...
Orom som som ...
Urum sum sum ...

Tipp
Zu jeder Textzeile eine andere Bewegung durchführen, z. B. Arme strecken, Oberkörper vorbeugen, um sich selbst drehen, in die Hände klatschen.

Die Erde wackelt Bewegungsspiel, ab 6 Jahren

Material: *typische Landessymbole wie z. B. Landesfahnen (von den Kindern hergestellt)*

Die Mitspieler sitzen im Kreis (ein Platz weniger als Spieler) und bekommen Ländernamen, z. B. Türkei, Italien, Russland, Portugal, und die dazu passende Landesfahne (oder ein anderes passendes Symbol) zugeteilt. Ein Spieler steht in der Mitte und ruft zwei Länder auf, die daraufhin ihre Plätze wechseln. Der Rufer versucht nun, schnell einen der frei werdenden Plätze zu besetzen. Wer keinen Platz abbekommt, ist der nächste Rufer. Bei dem Ausruf: „*Die Erde wackelt*!“ tauschen alle die Plätze.

Socken lüften Zuordnungsspiel, ab 5 Jahren

Material: *von jedem Spieler ein Sockenpaar, pro Sockenpaar eine Wäscheklammer, Wäscheleine*

Die Wäscheleine zwischen zwei Stühlen spannen, Socken und Klammern befinden sich in Gefäßen vor der Leine.
Die Spieler bilden zwei Mannschaften und stellen sich an einer Startlinie auf. Auf ein Kommando hin läuft der Erste aus jeder Mannschaft los, wählt eine beliebige Socke, hängt sie mit der Wäscheklammer an die Wäscheleine und läuft zur Mannschaft zurück. Der Zweite aus jeder Mannschaft muss nun die passende zweite Socke finden und dazuklammern.
Hängen alle Socken an der Leine, beginnt die zweite Spielrunde. Wieder rennt der Erste aus jeder Mannschaft auf ein Kommando hin los, nimmt sein Sockenpaar von der Leine, läuft zur Mannschaft zurück, der Zweite läuft los, usw. Die Mannschaft, deren Spieler die Socken wieder zuerst an den Füßen hat, ist Sieger.

In Paule Puhmanns Paddelboot Liedspiel, ab 5 Jahren

2. In Portugal, da winkte uns die Annabella zu.
   Die fragte: „Darf ich mit euch mit?“
   Na klar, was denkst denn du!
   Bom dia, adeus! Guten Tag, auf Wiedersehn! …

3. In Spanien war es furchtbar heiß, da stieg der Pedro zu.
Der brachte Apfelsinen mit, die aßen wir im Nu.
Buenas dias, hasta la vista! Guten Tag, auf Wiedersehn! ...

4. Und in Italien war'n wir auch, da kam die Marinella.
Die brachte Tintenfische mit auf einem großen Teller.
Buon giorno, arrevidérci! Guten Tag, auf Wiedersehn! ...

5. Und auch in Frankreich waren wir, da kam zu uns der Jean,
der brachte guten Käse mit und duftende Croissants.
Bon jour, au revoir! Guten Tag, auf Wiedersehen! ...

6. Und rund um den Olivenbaum, da tanzten wir im Sand.
Wir nahmen den Wasili mit, das war in Griechenland.
Kalimera, jassu, jassu! Guten Tag, auf Wiedersehn! ...

7. Dann fuhr'n wir weiter über's Meer bis hin in die Türkei.
Von da an war'n auch Ahmet und die Ayse mit dabei.
Merhaba, güle, güle! Guten Tag, auf Wiedersehen! ...

8. Und als wir dann nach Hamburg kam'n, stand Paule Puhmann da
und rief: „Verflixt und zugenäht, mein Paddelboot ist da!"
Bom dia, adeus! Buenas dias, hasta la vista!
Buon giorno, arrevidérci! Bon jour, au revoir! Kalimera, jassu, jassu!
Merhaba, güle, güle! Guten Tag, auf Wiedersehen!

Einen Teppichläufer in die Mitte des Sitzkreises legen. Ein Kind übernimmt die Rolle von Paule, setzt sich auf den Teppich und „paddelt". Mit jeder Strophe setzt sich das angesungene Kind hinter Paule, dabei werden die Namen im Lied durch die tatsächlichen Namen der Kinder ersetzen.

Tipp

Wenn das Lied zu lang ist, nur die Strophen der Länder der anwesenden Kinder singen. Den Stadtnamen Hamburg durch den Namen der eigenen Stadt ersetzen.

Tsché tsché kulé   Bewegungsspiel, ab 4 Jahren

Text und Melodie aus Ghana überliefert

|: Tsché tsché kulé! :|
(Hände auf den Kopf legen, Körper hin und her drehen)
|: Tsché tsché kofinsa. :|
(Hände auf die Schulter legen, Körper hin und her drehen)
|: Kofi sa langa. :|
(Hände in die Taille stützen, Körper hin und her drehen)
|: Kate tschi langa. :|
(Hände auf die Knie legen)
|: Kum adende! :|
(Hände zu den Knöcheln führen, dann ganzen Körper strecken)

Ein älterer Spieler spielt den Vorsänger und macht die Bewegungen vor. Die anderen Spieler singen und machen alles nach.

Tipp

Dieses Lied kann auch mit Trommeln rhythmisiert werden. Dabei singt und spielt der Vorsänger die „Tam-Tam-Trommel“ und die anderen singen nach und antworten mit ihren kleineren Trommeln auf den vorgegebenen Rhythmus.

Kreativ-Werkstatt

Fahnengirlande ab 4 Jahren

Material: *Vorlagen verschiedener Nationalfahnen, festes Papier im Din-A4-Format, Malstifte, Fingerfarben, Pinsel, Bindfaden, Wäscheklammern, Klebstoff, Kinderfotos*

Die Farben und Motive der Vorlagen der Nationalfahnen, z. B. der Länder, die in der Einrichtung vertreten sind oder aktuelle Urlaubsländer, übertragen die Kinder auf das weiße Papier. Zur Ausgestaltung verwenden sie Fingerfarbe, die mit Fingern oder Pinsel aufgetragen wird. Wenn die Fahnen getrocknet sind, die Fotos der Kinder zuordnen und aufkleben und abschließend mit Wäscheklammern an einem langen Bindfaden dekorativ aufhängen.

Bilboquet oder Kugelbecher ab 5 Jahren

Material: *1 große Holzperle, 1 leerer Joghurtbecher, Schnur (45 cm lang), Schere, wasserfeste Stifte*

Mit den Stiften den Becher bemalen. Mit der Schere ein Loch in den Becherboden stechen, die Schnur von unten durch das Loch fädeln und festknoten. Das andere Ende der Schnur durch die große Holzperle ziehen und vor und hinter der Perle einen dicken Knoten anbringen.

Wünschebaum ab 6 Jahren

Material: *ein stabiler Baumast, Kunststoffeimer, Gips, Fingerfarbe, Pinsel*

Den Ast vorsichtig aber gründlich von allen Blättern, kleinen Zweigen, loser Rinde befreien. Den Gips nach Herstellerhinweis anrühren. Bevor sich der Gipsbrei in dem Kunststoffeimer verfestigt, den gereinigten Ast mittig in die Masse stellen, evtl. abstützen, damit er später gerade steht.
Wenn der Gips ausgehärtet ist, den Ast und den Eimer mit Fingerfarbe bunt anmalen.
Der Wünschebaum bekommt nun einen festen Platz in der Einrichtung, und gemeinsam beraten alle über die Weiterverwendung, z. B. kann jedes Kind seine Wünsche symbolisch anbringen. Einmal in der Woche werden die Wünsche gemeinsam „gelesen“, besprochen.

Ess-Ecke

Pfefferminztee ab 3 Jahren

Zutaten: *1 Bund frische Pfefferminze (z. B. aus dem Garten), 1 l Wasser*

Die Minze unter fließendem kaltem Wasser sorgfältig waschen. Wasser zum Kochen bringen und vorsichtig auf die Pfefferminzzweige in einen Glaskrug gießen und ziehen lassen. Die Zweige bleiben im Tee, der heiß, warm oder kalt getrunken werden kann.

Tipp
Minzeblätter in Eiswürfelschalen legen, mit Wasser einfrieren und später in den kalten Pfefferminztee geben.

Börek – Gefüllte Teigtaschen ab 6 Jahren

Zutaten: *2 Packungen tiefgekühlter Blätterteig (20 Teigtaschen), 2 Eigelb*
Für die Füllungen: *250 g Schafskäse, Milch, frische Kräuter, 250 g Hackfleisch, 1 kleingeschnittene Zwiebel, etwas Salz, Olivenöl*

Die Kinder legen die Teigplatten zum Auftauen nebeneinander und schneiden 20 Quadrate daraus.
In einer Pfanne wird das Hackfleisch und die kleingeschnittene Zwiebel in Olivenöl gedünstet, etwas salzen. Abkühlen lassen.
In der Zwischenzeit Schafskäse, Milch und die Kräuter mit einer Gabel verrühren.
Die Teigränder mit Eigelb bestreichen. Die fertige Käsemischung und auch die Fleischfüllung mit dem Teelöffel jeweils auf die Quadrate verteilen, zu einem Dreieck klappen und die Ränder fest andrücken.
Auf einem mit Backpapier belegten Blech im vorgeheizten Backofen bei 225 °C, mittlere Schiene, 20 Minuten backen.

Piroggen (ca. 25 Stück) ab 5 Jahren

Zutaten: *500g Mehl, 1 Würfel Hefe (42 g), 250ml Milch, 50g weiche Butter, 1 Ei, 1 Msp. Salz, 1 EL Zucker, 200g gehackte Haselnüsse, 3 Eiweiß, 1 Prise Salz, 80g flüssigen Honig, 75g Rosinen, 75g Puderzucker, Zitronensaft*

Hefe in der lauwarmen Milch auflösen. Mehl, weiche Butter, Ei, Zucker und Salz zu einem Teig verrühren. Diesen etwa 30–40 Minuten an einer warmen Stelle gehen lassen.
Die gehackten Nüsse in einer Pfanne rösten (ohne Fett).
Zwei Eiweiß steif schlagen, den Honig dazugeben sowie die Nüsse und Rosinen.
Den Ofen auf 180 °C vorheizen. Teig portionieren, ausrollen (ca. ½ cm) und Kreise ausstechen (ca. 10 cm Durchmesser). Die Füllung (ca. 1 Teelöffel voll) in die Mitte der Kreise setzen, die Ränder mit Eiweiß bestreichen und den Kreise zuklappen. Mit der Gabel andrücken.
Im Ofen bei 160 °C etwa 20 Minuten backen. Puderzucker mit etwas Zitronensaft anrühren und die heißen Piroggen damit bestreichen.

Tsatsiki ab 4 Jahren

Zutaten: *300g griechischer Natur-Joghurt, 250g Magerquark, 4 EL Olivenöl, ½ Salatgurke, 2 Knoblauchzehen, Salz, Pfeffer*

Joghurt, Quark und Öl glatt verrühren. Gurken schälen, halbieren, die Kerne entfernen und grob raspeln. In einem Sieb das Gurkenwasser ausdrücken. Knoblauch schälen, pressen und mit den Gurken unter die Joghurtmasse mischen.
Mit Salz und Pfeffer abschmecken und mit gehacktem Dill würzen.
Vor dem Servieren eine Stunde ziehen lassen.

Flaggenkekse (ca. 60 Kekse) ab 4 Jahren

Zutaten: *100 g Butter, 200 g Zucker, ½ Vanilleschote , 2 Eier, 400 g Mehl, ½ P Backpulver, 1 Prise Salz, verschiedene Zuckerfarben*

Butter, Zucker, Mark der Vanilleschote mit den Eiern schaumig rühren. Die anderen Zutaten dazugeben und gut durchkneten. Den Teig ein paar Stunden kalt stellen und anschließend auf einer bemehlten Fläche zu einem Rechteck ausrollen (ca. ½ bis 1 cm dick).
Mit Hilfe eines Teigrades den Teig in gleichmäßige Rechtecke rädern (ca. 60).
Die Stücke auf ein Backblech (Backpapier) legen und bei 170 °C hellgelb backen.
Mit der Zuckerfarbe die Kekse nach dem Erkalten als Flaggen dekorieren.

Kindergarten-Abschiedsfest

Einblicke

Für das Kind und seine Eltern ist der Schritt vom Kindergarten in die Schule ein wichtiger Übergang, der mit unterschiedlichen Erwartungen und Gefühlen verbunden ist. Während sich die meisten Kinder auf die Schule freuen und stolz darauf sind, endlich „Schulkind“ zu sein, äußern viele Eltern ihre Ängste, die Kinder könnten dem Leistungsdruck und den Anforderungen der Schule nicht gewachsen sein.

Obwohl die Erzieherinnen die Eltern immer wieder darauf hinweisen, dass die Bildungsarbeit des Kindergartens die Persönlichkeitsentwicklung des Kindes ganzheitlich unterstützt und damit eine gute Basis für den Eintritt in die Schule geschaffen hat, stehen manche Eltern dem sehr skeptisch gegenüber. Die PISA-Studie, aber auch übertriebener Ehrgeiz veranlassen nach wie vor Eltern dazu, die Vermittlung von Kulturtechniken wie Lesen, Rechnen und Schreiben bereits vom Kindergarten zu fordern.

Nur in Zusammenarbeit von Tageseinrichtung und Grundschule kann der Übergang in die Grundschule gelingen. Am Ende der Kindergartenzeit ist ein Kind bereit, ein Schulkind zu werden. Ein „richtiges“Schulkind wird es erst in der Schule. Die Einschulung ist demnach als Prozess zu verstehen, der Kinder in die Lage versetzt, sich langsam von Vertrautem an Neues heranzuwagen.

Um den Übergang von der Kita in die Grundschule erfolgreich zu bewältigen, müssen beide Institutionen dazu beitragen, dass das Kind die für seine Entwicklung benötigte Begleitung und Unterstützung erfährt.

Für die Kita ergeben sich daraus eine Vielzahl von Anlässen, im Folgenden werden einige exemplarische Beispiele vorgestellt. Sie mögen dazu anregen, Ähnliches zu initiieren, evtl. als jährlich wiederkehrendes Ritual in das methodische Konzept der Einrichtung aufzunehmen, um den Übergang von der Kita zur Grundschule so behutsam, transparent und interessant wie möglich zu gestalten:

Tipps für die Kita

- Im „Club der Schulis“ treffen sich ein- bis zweimal pro Woche alle Kinder, die ein Jahr vor der Einschulung stehen, zu besonderen Aktivitäten.
- In der Einrichtung eine „Schulecke“ ausstatten, z. B. mit Tafel, Kreide, Schulranzen, Buchstaben, Zahlen etc., um Rollenspiele zu ermöglichen.
- Im regelmäßigen Gesprächskreis erzählen die „Schulis“, was sie von Eltern, Geschwistern und älteren Freunden über die Schule wissen. Anschließend drücken sie ihre Vorstellungen in Zeichnungen oder Collagen aus.
- Mit Hilfe der Erzieherin formulieren die Kinder ihre freudigen Erwartungen, aber auch ihre Ängste in Form eines Briefes. Dieser wird von allen Kindern unterschrieben und der Schulleitung überreicht. Selbstverständlich wird dann auch ein Brief zurück erwartet.
- Gemeinsam den Schulweg erkunden und einen Schulwegplan erstellen.
- Die „Schulis“ besuchen ihre zukünftige Grundschule.
- Das Kindergartenteam lädt alle Eltern der Schulanfänger zu Beginn des letzten Kindergartenjahres zu einer Informationsveranstaltung ein, um zu verdeutlichen, auf welche Weise die Kinder auf die Schule vorbereitet werden bzw. wie ihr Bildungskonzept zum Erwerb der Schulreife aussieht. Hier können die Eltern auf einem „Markt der Möglichkeiten“ an verschiedenen Marktständen die Umsetzung ausgewählter Bildungsbereiche im Kindergartenalltag selbst erfahren.
- Die Eltern werden zu einer Ausstellung eingeladen, die Arbeiten der Schulanfänger zum Thema „Mein Bild von Schule“ präsentiert. Daraus können Überlegungen und Fragstellungen entwickelt werden.
- Im Rahmen eines Elternnachmittags werden Schultüten hergestellt.
- Höhepunkt ist ein Abschiedsfest mit Übernachtung in der Kita.

Spiel-Platz

Alle Kinder lernen lesen Spiellied, ab 6 Jahren

Text: überliefert, Musik: Traditional (Union Marchingsong)

Material: *Korb, Bildkarten mit den Buchstaben des Alphabets und den entsprechenden Tieren (Affe, Apfel ...)*

Alle Kinder sitzen im Kreis und singen das Lied. In der Mitte des Kreises steht ein Korb mit Buchstaben und passende Bildkarten des Liedes. Zu jeder Strophe ziehen die Kinder nacheinander die passenden Karten und legen sie in die Kreismitte.

Refrain:
Alle Kinder lernen lesen,
Indianer und Chinesen.
Selbst am Nordpol lesen alle Eskimos:
Hallo Kinder, jetzt geht's los!

2. „O“, sagt am Ostersonntag
 jeder Osterhas’.
 „O“, sagt der Ochse, der die Ostereier fraß.
 „U“, sagt der Uhu, wenn es dunkel wird im Wald,
 und wir singen, dass es schallt:

Refrain: Alle Kinder lernen lesen …

3. „Ei“, sagt der Eisbär,
 der in einer Höhle haust.
 „Au“, sagt das Auto, wenn es um die Ecke saust.
 „Eu“, sagt die Eule, heute sind die Mäuse scheu,
 und wir singen nochmal neu:

Refrain: Alle Kinder lernen lesen …

4. „Sp“, sagt die Spinne,
 wenn sie auf das Spielzeug spart.
 „St“, sagt das Sternlein, wenn der Himmel stets aufklart.
 „Sch“, sagt das Schweinchen, wenn das Ferkel schlafen will,
 und nun sind wir alle still.

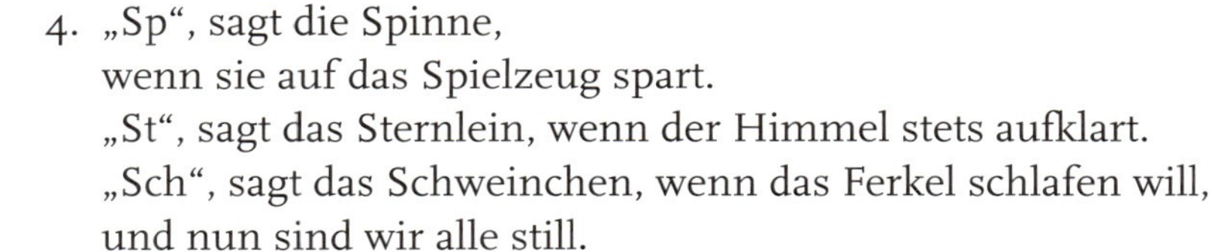

Zum Abschluss die Melodie des Refrains summen.

Hochstapler Geschicklichkeitsspiel, ab 6 Jahren

Material: *Buntstifte, Filzstifte, Radiergummis, Lineale*

Es werden Teams aus drei, vier oder fünf Spielern (je nach Gruppengröße) gebildet. Aufgabe der Teams ist es, einen möglichst hohen, stabilen Turm aus den o. g. Materialien zu bauen. Wichtig ist, dass sich alle beteiligen, d. h. jeder kommt der Reihe nach dran und darf nur ein Bauelement setzen. Fällt einem Teamspieler ein Bauteil herunter, darf dieses Team nicht weiterbauen.

ABC-Lied Spiellied, ab 6 Jahren

Text und Melodie überliefert

Material: *Beutel mit dreidimensionalen Buchstaben des Alphabets*

Die Kinder singen das ABC-Lied. Anschließend greift jeder in den Beutel und zieht einen Buchstaben. Gemeinsam versuchen alle die richtige Reihenfolge der Buchstaben des Alphabets zu legen.

Variante: Zu jedem Buchstaben des Alphabets wird ein typisches Tier oder ein passender Gegenstand gesucht.

Fotosafari im Schulbezirk Rallye, ab 6 Jahren

Material: *jede Gruppe erhält einen vorher selbst verfassten Brief an die Schule, 6 Fotos von Details aus dem Umfeld der Schule, einen „Schulwegplan" in DIN-A3-Größe kopiert, Geld für 10 Brötchen und Münzen für ein Telefongespräch (oder ein Handy)*

Vorbereitung: Zwei bis drei Wochen vorher erarbeiten die zukünftigen Schulanfänger einen Schulwegplan. Dazu liest die Erzieherin einzelne Straßennamen von dem mit den Kindern gezeichneten Straßenplan vor, auf dem bereits die Schule und der Kindergarten eingezeichnet sind. Die Kinder, die ihren Straßennamen hören, kleben an die entsprechende Stelle kleine gezeichnete „Selbstbildnisse" oder Fotos. Danach zeichnen die Kinder weitere markante Stellen in den Schulwegplan, z. B. Geschäfte, Spielplätze, Verkehrszeichen, Briefkasten etc. und hängen ihn anschließend im Kindergarten auf.

Spielverlauf: Ausgangspunkt der Fotosafari ist der Kindergarten. Es werden zwei Gruppen gebildet (max. je 6 Mitspieler). Beide Gruppen erhalten Fotos von Details aus dem Schulbezirk, den „Schulwegplan“, den Brief an die Schule und Geld. Jede Gruppe wird von einer Erzieherin begleitet. Die zweite Gruppe verlässt den Ausgangspunkt ca. 15 Minuten später als die erste. Die Mitspieler haben nun die Aufgabe, in der festgelegten Zeit die Abbildungen auf den Fotos mithilfe ihres Schulwegplanes zu finden. Auf der Rückseite der Fotos befindet sich jeweils eine Zahl von 1 bis 6, die ebenfalls an den zu suchenden realen Gebäuden oder Gegenständen angebracht und mit einer Aufgabe verbunden ist. Die Aufgaben sind verbildlicht dargestellt, sodass die Kinder sie selbstständig „lesen“ können. Nach jeder gelösten Aufgabe kleben die Kinder das Foto an die entsprechende Stelle in ihren „Schulwegplan“. Vorschläge für die Aufgaben:

Foto 1: Bäckerei – Aufgabe1: 10 Brötchen kaufen
Foto 2: Briefkasten – Aufgabe 2: Brief an die Schule abschicken
Foto 3: Telefonzelle – Aufgabe 3: Telefonat mit dem Kindergarten führen. Hier erfahren die Kinder, dass sie zur Schule gehen sollen.
Foto 4: Schule – Aufgabe 4: Eigene Schulranzen abholen, mit den Schlafutensilien der Kinder
Foto 5: Post – Aufgabe 5: Paket abholen, mit Büchern zum Vorlesen
Foto 6: Sportplatz oder Turnhalle – Aufgabe 6: Wunschspiel

Auf dem Sportplatz oder in der Turnhalle treffen sich beide Gruppen, spielen dort gemeinsam und kehren dann zum Kindergarten zurück, wo sie zusammen das Abendessen vorbereiten. Die Zutaten werden vorher von den Eltern oder der Kita bereitgestellt.
Vor der Rallye hat das Kita-Team bereits alles für die Übernachtung der Kinder im Bewegungsraum vorbereitet.
Die Erzieherinnen lesen aus den Büchern des Postpaketes noch einige Gute-Nacht-Geschichten vor.
Am anderen Morgen sind alle Eltern zum Frühstück eingeladen, das die Schulanfänger gemeinsam zubereitet haben.
Zum Abschluss singen die Kinder gemeinsam ein Lied und jeder bekommt ein Abschiedsgeschenk überreicht (z. B. ein Gruppenfoto).

Buntstiftkette Geschicklichkeitsspiel, ab 6 Jahren

Material: *Buntstifte*

Es werden zwei Teams gebildet. Beide Gruppen sitzen barfuß nebeneinander auf dem Boden. Der jeweils erste Spieler bekommt einen Buntstift. Auf ein Startzeichen muss der erste Spieler den Buntstift mit den Füßen bzw. Zehen an seinen Nebenmann weitergeben. Der Buntstift muss immer in der Luft übergeben werden. Fällt der Buntstift herunter, muss er erst wieder von dem Spieler, der den Buntstift verloren hat, aufgehoben werden.
Das Team, das als Erstes seinen Buntstift beim letzten Spieler hat, hat gewonnen.

Schultütenlauf Staffelspiel, ab 6 Jahren

Material: *2 leere Schultüten*

Es werden zwei Spielgruppen gebildet. Die beiden Gruppen stellen sich an der Startlinie hintereinander auf. Jeweils der erste Läufer steht mit der Schultüte im Arm an der Startlinie und läuft bis zum Wendepunkt und zurück. Dann wird die Schultüte an den nächsten Läufer übergeben. Die Gruppe, die als erste alle Läufer im Ziel hat, hat gewonnen.

Variante: Die Spieler können auch einen Schulranzen auf dem Rücken tragen.

Tornister umpacken Staffelspiel, ab 6 Jahren

Material: *2 leere Schulranzen, verschiedene Schulutensilien in zweifacher Ausführung, z. B. 2 Lineale, 2 Bücher, 2 Hefte etc.*

Zwei Spielgruppen bilden. Beide Gruppen stellen sich an der Startlinie hintereinander auf. Jeweils der erste Läufer steht mit dem leeren Tornister auf dem Rücken an der Startlinie und läuft bis zum Wendepunkt. Hier muss er die zuvor bereitgelegten Schulutensilien in seinen Tornister einpacken und zurücklaufen. Dann wird der Tornister an den nächsten Läufer übergeben. Dieser läuft wieder bis zum Wendepunkt, packt die Schulutensilien aus und läuft zurück.
Die Gruppe, die als erste alle Läufer und einen gefüllten Tornister im Ziel hat, hat gewonnen.

Wir packen unsern Schulranzen Konzentrationsspiel, ab 6 Jahren

Material: *Schulranzen*

Die Mitspieler sitzen im Kreis. In der Mitte steht ein Schulranzen, in den nacheinander (imaginär) Dinge eingepackt werden. Der erste Mitspieler nennt einen Begriff – z. B. „Ich packe ein Radiergummi in meinen Schulranzen" – der nächste wiederholt diesen Begriff und fügt einen neuen Begriff hinzu: „Ich packe ein Radiergummi und ein Schulheft in meinen Schulranzen." usw.

Achtung: Es dürfen nur Dinge genannt werden, die auch wirklich in einen Schulranzen gehören bzw. passen.

Variante: Eine Schultüte kann ebenfalls bestückt werden.

Hurra, ich bin ein Schulkind Spiellied, ab 6 Jahren

Text: Autorinnen, Melodie: „Ein Männlein steht im Walde" (überliefert)

2. Ich freu mich auf die Schule, da lern ich was,
   ich glaub, in unsrer Schule gibt's ganz viel Spaß.

Refrain: Und ich bin ...

3. Ich hab' schon einen Ranzen, der gefällt mir sehr,
   hab Bücher, Stifte, Hefte und noch viel mehr.

Refrain: Und ich bin ...

Die Kinder stehen im Kreis, singen und führen passende Bewegungen zum Liedtext aus. Zum Refrain machen alle eine Vierteldrehung nach links, legen die Hände auf die Schulter des Vordermanns und gehen in Kreisrichtung.

Kreativ-Werkstatt

Buchstaben ausmalen ab 6 Jahren

Material: *Buchstabenvorlagen in DIN A4 zum Ausmalen, Bunt- oder Filzstifte*

Jeder sucht aus den Buchstabenvorlagen den Anfangsbuchstaben seines Vornamens und malt ihn nach Belieben aus. Anschließend werden die bunten Buchstabenbilder zu den Fotos der Kinder im Raum aufgehängt.

Lesefantenzeichen ab 6 Jahren

Material: *Elefanten-Schablone, Fotokarton (10 x 15 cm), Prickelnadel und Unterlage, Bleistift, Filzstifte*

Die Elefanten-Schablone mit einem Bleistift auf Fotokarton übertragen. Ausschneiden und beliebig anmalen. Den Rüssel mit einer Prickelnadel ausprickeln. Der Elefant kann dann eine Seite eines Buches mit seinem Rüssel festklammern.

Schlüsselanhänger ab 6 Jahren

Material: *bunte Perlen, Buchstaben-Perlen, Schlüsselring, dünne Lederschnur*

Die Lederschnur doppelt legen, sodass die Schlaufe durch den Schlüsselring gezogen werden kann und gut befestigt ist. Jetzt mit dem Auffädeln der Perlen beginnen. Dabei beide Enden der Lederschnur durch die Perlen stecken.
Die Kinder müssen darauf achten, dass sie die Buchstaben-Perlen ihres Namens in der richtigen Reihenfolge auffädeln. Die bunten Perlen können zwischen, vor und nach den Buchstaben-Perlen auffädelt werden.
Ist die gewünschte Anzahl an Perlen aufgefädelt, werden beide Enden der Lederschnur verknotet und die überstehenden Enden der Schnur abgeschnitten.

Schultüte mit Hilfe des Erwachsenen

Material: *Fotokarton (ca. 70 cm x 50 cm), Klebeband, Schere, Krepppapier, Kleber, Hefter, Geschenkband, Faden, Bleistift, Pappe, Heftzwecke*

Um einen Kreisausschnitt auf dem Fotokarton aufzuzeichnen, wird ein Ende eines ca. 60 cm langen Fadens an einer Heftzwecke angebunden und das andere Ende an einem Bleistift. Eine Pappe unter eine Ecke des Fotokartons legen, die Heftzwecke dort nah am Rand eindrücken und mit dem Bleistift einen Kreisausschnitt aufzeichnen.
Das Kreisteil ausschneiden, zu einer spitzen Tüte rollen und zusammenkleben. Da das Papier etwas steif ist, sollte der Erwachsene beim Zusammenrollen der Tüte helfen. Zur Unterstützung kann das Papier auch am oberen Rand zusammengeheftet werden.
Die Tüte entweder mit einem Kraftkleber oder mit doppelseitigem Klebeband zusammenkleben. Die Spitze der Tüte mit Klebeband umwickeln. Ein kleines Stück Krepppapier ausschneiden und über das Klebeband kleben.
Einen ca. 90 bis 100 cm langen Streifen Krepppapier abschneiden, mit dem Rand um die Schultüte legen und mit einem Hefter anheften. Das Papier nach oben umschlagen.
Die Schultüte oben mit Geschenkband zubinden. Die fertige Schultüte kann beliebig bemalt oder beklebt werden.

Sportbeutel gestalten ab 6 Jahren

Material: *1 naturfarbener Sportbeutel aus Baumwollstoff, bunte Filzbögen, Bleistift, Schere, Buchstaben-Schablonen, Textil-Kleber*

Jedes Kind legt die einzelnen Buchstaben-Schablonen seines Vornamens auf die bunten Filzbögen und zeichnet sie mit dem Bleistift nach. Jeder Buchstabe sollte möglichst eine andere Farbe bekommen. Danach werden die Buchstaben mit der Schere ausgeschnitten und provisorisch auf den Sportbeutelgelegt. Sollte noch genügend Platz sein, können noch andere Motive, z. B. Fußball, Stern, Blume, Dino, Krone etc. ausgeschnitten werden.
Als nächstes werden die Buchstaben mit Textil-Kleber auf den Turnbeutel geklebt. Dazu die einzelnen Buchstaben mit Klebstoff bestreichen und diese sofort auf die vorgesehene Stelle drücken. In etwa 30 Minuten sind die Buchstaben vollständig getrocknet. Auch in der Waschmaschine oder beim Bügeln kleben die Buchstaben auf dem Sportbeutel fest.

Ess-Ecke

Buchstaben backen ab 6 Jahren

Zutaten: *tiefgekühlter Blätterteig, Salz oder Zucker*
Material: *Pappe, Messer, Stift, Schere oder Buchstaben-Ausstechformen*

Auf die Pappe schreiben die Kinder die Anfangsbuchstaben ihres Namens, schneiden die Vorlage aus und legen die Buchstaben auf die tiefgekühlte Teigplatte. Die Buchstaben mit dem Messer ausschneiden und auf das mit Backpapier ausgelegte Backblech legen.
Nun können die Buchstaben noch mit ein wenig Salzwasser bestrichen werden, dann schmecken sie salzig. Sollen die Buchstaben süß schmecken, werden sie mit einer Zuckersahnemilch bestrichen.
Im Backofen bei 180 °C für 10 Minuten backen.

Schultüten backen ab 6 Jahren

Zutaten (für ca. 8 Stück): *300g Weizenmehl, 3 gestr. TL Backpulver, 100g Zucker, 1 Pck. Vanillezucker, 125g Magerquark,100ml Milch, 100ml Speiseöl*

Für den Belag: *300g gemischtes Obst (z. B. Himbeeren, Johannisbeeren, Brombeeren, Stachelbeeren, Pfirsiche, Nektarinen), 200g Schlagsahne, 250g Magerquark, Schokoladen-Buchstaben und/oder Ziffern*

Mehl mit Backpulver in einer Rührschüssel vermischen, die übrigen Zutaten hinzufügen und alles mit einem Stabmixer (Knethaken) zu einem glatten Teig verarbeiten.
Den Teig auf einer leicht bemehlten Arbeitsfläche zu einer runden Platte ausrollen (Durchmesser etwa 35cm) und in 8 gleich große Tortenstücke teilen. Die Tortenstücke auch an der breiten Seite zu einer kleinen Spitze formen und auf das eingefettete Backblech legen. Das Backblech in den vorgeheizten Backofen schieben. Heißluft: ca. 160 °C, Backzeit: ca. 20 Minuten.
Nach dem Backen das Gebäck auf einem Kuchenrost abkühlen lassen.

Für den Belag: Das Obst putzen, waschen und große Stücke etwas kleiner schneiden. Sahne und Quark in einer Schüssel mit dem Schneebesen glatt rühren. Jede „Schultüte“ mit gut einem Esslöffel der Quarkcreme bestreichen, die breiten Spitzen mit den vorbereiteten Früchten belegen und mit Schokoladenbuchstaben verzieren.

Feste im Jahreskreis

Ostern

Einblicke

Am *Ostersonntag*, dem wichtigsten Tag des christlichen Osterfestes, wird die Auferstehung Jesu gefeiert. Ursprünglich leitet sich das Osterfest von dem jüdischen *Pessachfest* ab, das am ersten Frühlingsvollmond gefeiert wird und an die Befreiung der Juden aus der Gefangenschaft der Ägypter erinnert. Es war einst ein Hirtenfest, an dem ein Lamm geschlachtet wurde. So wie das *Pessachlamm* mit der Erlösung des Volkes aus der Unfreiheit verbunden war, so wurde das Bild des Lammes auf Christus übertragen. Hiermit lässt sich auch der Begriff Osterlamm erklären. Die Bezeichnung *Ostern* hingegen ist nicht eindeutig geklärt, möglicherweise stammt sie von *Ostara*, der germanischen Frühlingsgöttin, oder von *Osten*, der Himmelsrichtung der aufgehenden Frühlingssonne.

Das Osterei

Das Ei ist ein uraltes Symbol, das sich in den Schöpfungsmythen zahlreicher Völker wiederfindet. Schon vor fünftausend Jahren wurden bei den Chinesen buntverzierte Eier zum Frühlingsanfang verschenkt, die Ägypter verehrten das Ei als Symbol der Fruchtbarkeit, und die Germanen brachten der Licht- und Frühlingsgöttin Ostara Eier als Opfer. Der heutige Brauch, Eier zu verschenken, geht wahrscheinlich auf den älteren Brauch der Abgabe von Eiern als Zins oder Spende zurück.

Der Osterhase

Schon in der griechischen und germanischen Mythologie fungierte der Hase als Götterbote und als Symbol für Leben und Fruchtbarkeit. Erst seit dem 16. Jahrhundert ist er der verantwortliche Eierbringer. Davor hatte er Mitstreiter, z. B. den Hahn in Sachsen, den Fuchs in Hessen, den Storch im Elsass und den Kuckuck in der Schweiz. Warum nun der Hase der Favorit wurde, lag daran, dass er unter den heimischen Wald- und Wiesentieren der Fruchtbarste war und somit das beste Frühlingssymbol darstellte.

Ostersonntag werden viele Osterbräuche gepflegt, bei Kindern vor allem die Suche nach Ostereiern, die der Osterhase in der Nacht heimlich versteckt hat.
In vielen Ländern steht am Ostersonntag und *Ostermontag*, dem letzten der Osterfeiertage, das traditionelle Osteressen im Vordergrund. Häufig handelt es sich dabei um das Osterlamm oder *Gebildbrote*, in der Regel mit einem Kreuzzeichen verziert, als Sonnenräder oder in Form von Lämmern. Neben der Ostereiersuche werden an diesem Tag Osterspaziergänge oder Ausflüge in die Frühlingslandschaft unternommen, die für Kinder mit Osterspielen unterhaltsam werden. Neben den zahlreichen Eierspielen wurden vor allem in Norddeutschland sehr gerne Ballspiele gespielt. Vermutlich war der Ball ein Symbol für die Sonne und das Werfen ein Hoffnungszeichen für ihren wieder länger und höher werdenden Lauf.

Tipps für die Kita

- Ostern muss nicht zum Konsum- und Genussfest der Zuckereier und Schokohasen werden, vielmehr lohnt es sich, gemeinsam mit den Kindern in der Kita auf Spurensuche zu gehen, um die Vielfalt der österlichen Symbole und Bräuche im eigenen Umfeld möglicherweise neu zu entdecken und gemeinsam zu gestalten.
- Da jüngere Kinder zweifellos eine Tendenz zu magischen Denkweisen haben, sollte der Erwachsene die Illusion, der Hase bringe die Ostereier, nicht zerstören und den Osterhasen als magische Gestalt offen lassen.
- Auch wenn Ostern das höchste Fest der Christen ist, so können doch auch muslimische Kinder, Kinder anderer Religionszugehörigkeit oder konfessionslose Kinder österliches Brauchtum im Kindergarten mit vollziehen. Wichtig ist nur Toleranz und gegenseitiges Verständnis der Eltern.
- Jüngere Kinder sollten in der Fastenzeit nicht etwa hungern müssen, sondern vielleicht einen anderen Verzicht leisten, z. B. Süßigkeiten einschränken oder bewusst ihr Spielzeug mit anderen teilen.
- Laden Sie zu der eigentlichen Osterfeier im Kindergarten alle Kinder mit ihren Eltern ein, um so das christliche Fest sowie auch traditionelles Brauchtum zu erleben, was bei manch einem vielleicht schon in Vergessenheit geraten ist. Dabei können Ostereier verschenkt werden, als Symbol des wiedererwachten Lebens und der Verbundenheit.

Spiel-Platz

Has, Has, Osterhas Singspiel, ab 3 Jahren

Text: Paula Dehmel, Musik: überliefert

2. Has, Has, Osterhas,
   mit deinen bunten Eiern!
   Der Star lugt aus dem Kasten raus,
   Blühkätzchen sitzen um sein Haus.
   Wann kannst du Frühling feiern?

3. Has, Has, Osterhas,
   ich wünsche mir das Beste:
   ein großes Ei, ein kleines Ei,
   dazu ein lustig' Didldumdei.
   Und alles in dem Neste.

Die Kinder sitzen im Kreis, singen und führen zum Liedtext passende Bewegungen aus.

Osterrätsel

Ich weiß ein kleines weißes Haus,
hat nichts von Fenstern, Türen, Toren,
und will der kleine Wirt heraus,
so muss er erst die Wand
durchbohren.
(Ei und Küken)

Osterei verstecken   Suchspiel, ab 4 Jahren

Material: *kleiner Korb mit einem Osterei*

Die Kinder sitzen im Kreis. Ein Kind sitzt als Osterhase in der Kreismitte und führt die passenden Bewegungen zum Text aus. Vor ihm steht ein kleiner Korb mit einem Osterei. Alle sprechen den Vers:

Unterm Baum im grünen Gras
sitzt ein kleiner Osterhas'!
Putzt den Bart und spitzt das Ohr,
macht ein Männchen, guckt hervor.
Springt dann über Stock und Stein.
Wo mag denn nun das Ei wohl sein?

Daraufhin schließen alle die Augen, der Osterhase versteckt sein Ei und fordert einen Mitspieler auf, das Ei zu suchen:

Alle: *Max schaut nach, wo es denn sei.*
Max: *„Hier, ich hab's, das Osterei!"*

Bei der Suche helfen alle mit, indem sie Hinweise geben durch Zuruf von „Warm!" oder „Kalt!".
In der nächsten Spielrunde ist Max der Osterhase, der das Ei versteckt.

Eierrollen   Geschicklichkeitsspiel, ab 6 Jahren

Material: *pro Mitspieler ein hartgekochtes Ei*

Die Mitspieler stehen draußen an einer leicht abschüssigen Wiese. Jeder hält ein Ei in der Hand. Am Fuße des Abhangs befindet sich ein markierter Zielpunkt. Nacheinander lassen alle Mitspieler ihre Eier den Abhang hinunterrollen. Trifft ein Spieler das Ei eines Mitspielers, so bekommt er das getroffene Ei. Wer mit seinem Ei dem Zielpunkt am nächsten gekommen ist, hat gewonnen.
Die „Spieleier" werden anschließend zu einem Eiersalat verarbeitet und gegessen.

Variante 1: Die Mitspieler lassen nacheinander ihre Eier den Abhang hinunterrollen. Der Spieler, dessen Ei am weitesten rollt, hat gewonnen.

Variante 2: Ein Spieler lässt sein Ei den Abhang hinunterrollen, läuft gleichzeitig los und versucht es vor dem Zielpunkt aufzufangen.

Heute Nacht ging er/sie hinaus

Text und Melodie: Autorinnen

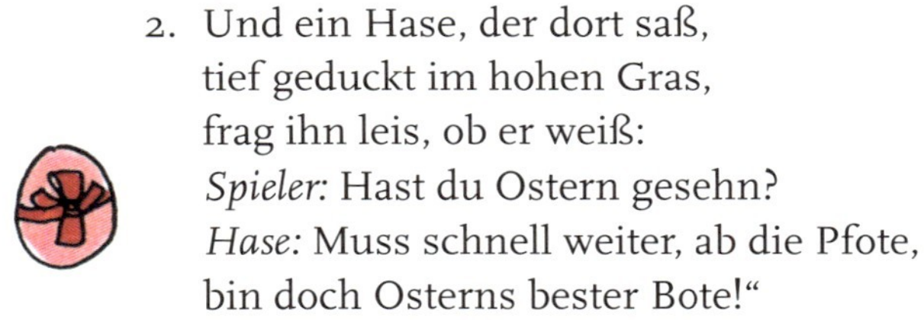

2. Und ein Hase, der dort saß,
tief geduckt im hohen Gras,
frag ihn leis, ob er weiß:
Spieler: Hast du Ostern gesehn?
Hase: Muss schnell weiter, ab die Pfote,
bin doch Osterns bester Bote!"
Refrain: Ostern, Ostern ...

3. Runder Mond guckt durch den Baum,
Silberlicht erhellt den Raum.
Frag ihn leis, ob er weiß:
Spieler: Hast du Ostern gesehn?"
Mond: Jedes Jahr zeig ich an,
wenn's Osterfest beginnen kann!"
Refrain: Ostern, Ostern...

4. In der alten Buchsbaumhecke,
hat das Hühnchen sein Verstecke.
Gehe hin, frage leis:
Spieler: Hast du Ostern gesehn?
Huhn: Nimm meine Eier aus dem Nest,
verschenk sie dann zum Osterfest.
Refrain: Ostern, Ostern ...

5. Löwenzahn wagt sich zu strecken,
Blätter sich zum Himmel recken.
Gehe hin, frage leis:
Spieler: Habt ihr Ostern gesehn?
Löwenzahn: Pflücke unsre Blätter ab,
geben neue Lebenskraft
Refrain: Ostern, Ostern ...

6. Und die Finken Buntgefieder
singen erste Frühlingslieder.
Gehe hin, frag sie leis:
Spieler: Habt ihr Ostern gesehn?
Finken: Bringen Wind und Früh-
lingsluft
Vom Süden her mit Blumenduft!
Refrain: Ostern, Ostern ...

7. Auf der Wiese blökt das Schaf
Mit dem Lämmchen still und brav.
Gehe hin, frag es leis:
Spieler: Hast du Ostern gesehn?
Schaf: Seht mein Lämmchen ist
erwacht,
Freude hat es mir gebracht!
Refrain: Ostern, Ostern ...

8. Feuer ruht in finstrer Nacht,
raunt und knistert, knackt ganz sacht.
Frag es leis, ob es weiß:
Spieler: Hast du Ostern gesehn?
Feuer: Zünd uns an, der helle Schein,
leuchtet weit ins Land hinein! (die
Osterkerze wird angezündet)

Refrain: Ostern, Ostern, Frühlingswehen,
Ostern, Ostern, Auferstehen.
Jetzt nun ist es aufgewacht,
neues Leben uns gebracht.

Osterrätsel
Wer kann mir sagen, wer das ist,
der immer mit zwei Löffeln frisst?
(Der Hase)

Auf der Suche nach Ostern Singspiel, ab 4 Jahren

Vor dem Spiel werden folgende Rollen verteilt:

- Spieler als „Ostern-Sucher"
- *Weidenbäume*: 3 Spieler in grüner Verkleidung mit „Palmbuschen" oder grünen Zweigen
- *Hase*: Spieler in brauner Verkleidung mit Stirnband aus Tonkarton mit Hasenohren
- *Mond*: Spieler in weißer Verkleidung, weißes Stirnband aus Tonkarton
- *Huhn*: Spieler in weißer Verkleidung, mit Schnabel aus rotem Tonpapier, 3 Eier
- *Löwenzahn*: 3–5 Spieler in grüner Verkleidung mit Löwenzahnblättern im Korb
- *Finken*: 3–5 Spieler in bunter Verkleidung, mit gelben Schnäbeln aus Tonpapier
- *Schaf*: Spieler in weißer Verkleidung, evtl. mit einem Schaffell und einem Schaf als Stofftier
- *Feuer*: 5 Spieler in roter Verkleidung, mit Holzscheiten, Osterkerze

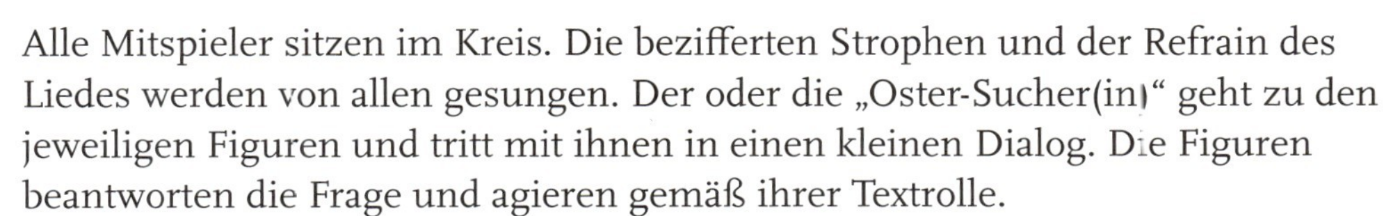

Alle Mitspieler sitzen im Kreis. Die bezifferten Strophen und der Refrain des Liedes werden von allen gesungen. Der oder die „Oster-Sucher(in)" geht zu den jeweiligen Figuren und tritt mit ihnen in einen kleinen Dialog. Die Figuren beantworten die Frage und agieren gemäß ihrer Textrolle.

Kreativ-Werkstatt

Ostereier mit Naturstoffen färben ab 5 Jahren

Material: *Zwiebelschalen, rohe Eier, alter Topf, Gummihandschuhe, Essig, kleine Pflanzenteile, ausgeschnittene Papierfiguren, Strumpfhosenstücke, Bindfaden, Gummibänder*

Beim Färben mit Naturstoffen bieten sich für Kinder zwei Gestaltungstechniken an:

1. Kleine Blätter, Pflanzenteile oder ausgeschnittene Figuren aus Papier befeuchten, auf die rohen Eier auflegen, ein Strumpfhosenstück eng darüber ziehen und an einem Ende fest zusammenbinden (dabei unterstützen die Erwachsenen).
2. Kleine Gummibänder in Längsrichtung um die Eier spannen.

Eine Handvoll Zwiebelschalen mit einem Esslöffel Essig und einem ½ l Wasser zum Kochen bringen. 20 Minuten kochen, dann die Eier vorsichtig mit einem Esslöffel in das heiße Wasser legen und acht Minuten kochen. Danach sollten die Eier noch ca.15 Minuten in dem heißen Sud liegen, bis sie unter kaltem Wasser abgespült und zum Trocknen gelegt werden. Die Eier erhalten einen warmen Braunton.

Variante: Mit weiteren Naturstoffen (alle in der Apotheke oder im Bioladen erhältlich) können interessante Farben erzielt werden:
Rot 20 g Rotholz
Blau 20 g Blauholz
Violett klein geschnittener Rotkohl oder Rote Beete
Gelb 2 bis 3 Handvoll Kamille
Gelbgrün 2 bis drei Handvoll Brennnesselblätter

Osterrätsel

Dieses rätselhafte Tier,
bunte Eier legt es dir,
in den Garten, in die Ecken,
keiner kann so gut verstecken.
Aber niemals zeigt sich dir
dieses rätselhafte Tier.
(Der Osterhase)

Osterrätsel

Es ist braun und läuft gar schnell
und hat ein weiches, braunes Fell.
Es lebt in Feld und Wald,
bringt bunte Eier bald.
(Der Osterhase)

Häschen in der Mulde Brettspiel für 2 Spieler, ab 5 Jahren

Material: *1 Eierpalette (für 30 Eier), ein Eierkarton, Farben, Pinsel, Schere, 5 Zahnstocher, Buntpapier, 30 Korken, Klebstoff, 2 Gabeln*

Die Eierplatte in fünf ungefähr gleich große Flächen einteilen und jede Fläche in einer anderen Farbe anmalen.
Von dem Eierkarton zwei Hütchen abschneiden.
Für jede Farbfläche ein Fähnchen mit den Zahlen 10, 20, 30, 40, 50 aus Zahnstochern und Buntpapier herstellen.
Jeder Spieler bekommt 15 Hasen aus Korken. Damit sich die Hasen unterscheiden, haben die Hasen des einen Spielers weiße Ohren, die Hasen des anderen Spielers schwarze Ohren.
Ist alles fertig, wird das Häschenspiel auf einer glatten Fläche aufgestellt.

Spielregel: Auf das Ende einer Gabel das Hütchen legen, die Zinken herunterdrücken und das Hütchen in die Eierpalette schleudern. In jede Mulde, die getroffen wurde, wird eines der Häschen gesetzt. Sind alle Mulden der Palette von Hasen besetzt, zählt jeder seine Punkte zusammen.

Henne Hanne ab 4 Jahren

Material: *Styroporkugel (Durchmesser 7 cm), 4er Eierkarton, Hühnerfeder, Tonpapier, Acrylfarben, Klebstoff, Küchenmesser*

Kamm und Schnabel aus Tonpapier ausschneiden. Mit Hilfe eines Erwachsenen mit dem Küchenmesser Schlitze in die Styroporkugel schneiden und Kamm und Schnabel hineinstecken. Kopf und Körper anmalen. Den Kopf und die Schwanzfeder mit Klebstoff am Eierkarton festkleben.
Wenn alles trocken ist, können bunte Eier hineingesetzt werden.

Überraschungsküken ab 5 Jahren

Material: *Plastikeier (z. B. von Überraschungseiern), Zeitungspapier, Kleister, Schere, Acrylfarben, Pinsel, roter Fotokarton, Klebstoff, schwarzer Filzstift oder Wackelaugen*

Das Ei mit Zeitungspapierschnipseln und Kleister bekleben, dabei einen kleinen Schnabel formen. Nach dem Trocknen den Körper gelb und den Schnabel rot anmalen. Mit einem schwarzen Filzstift Augen aufmalen oder Wackelaugen aufkleben. Aus Fotokarton Füße ausschneiden und an den Körper kleben.

Osterhäsin Hoppelina ab 5 Jahren

Material: *Wellpappe, Zeitungspapier, Klebestreifen, Kleister, Packpapier, Stoffreste, Filz, Geschenkband, Tortenspitze, Schere, Büroklammern, Knöpfe oder Wackelaugen*

Für Hoppelinas Körper wird die Wellpappe in einen Halbkreis geschnitten und an den Kanten zusammengeklebt.
Zeitungspapier zu einem Hasenkopf knüllen, mit Klebestreifen umwickeln und dann auf dem Körper festkleben. Die Ohren können mit Draht an der Rückseite zusätzlich verstärkt werden.
Kleister nach Anweisung anrühren und etwa 10 Minuten stehen lassen. Inzwischen lange Packpapierstreifen reißen, mit Kleister einstreichen und Schicht für Schicht um den Hasenkörper kleben. Alles gut durchtrocknen lassen.
Jetzt wird die Osterhäsin mit Stoffresten beklebt: Zuerst kommt die Tortenspitze als Unterrock, dann darüber das Kleid und zum Schluss die Schürze. Dafür eignet sich Filz besonders gut. Er lässt sich gut kleben. Die geklebten Teile können bis zum Trocknen auch mit Stecknadeln festgesteckt werden.
Am besten über Nacht alles gut durchtrocknen lassen.

Ess-Ecke

Hasenkuchen ab 5 Jahren

Zutaten: *250 g Mehl, 250 g Möhren, 1 Ei, ½ Tasse Milch, 3 El, 1 Prise Salz, 1 Päckchen Vanillezucker, 1 Päckchen Backpulver, 1 TL Zitronensaft*

Die Möhre reiben. Das Ei in Gelbes und Weißes trennen. Das Mehl in eine Schüssel füllen, mit dem Backpulver, Möhren, Eigelb, Milch und Gewürzen gut verrühren. Das Eiweiß steif schlagen und untermischen.
Den Teig in eine Napfkuchenform füllen und im Backofen bei 250 °C 45 bis 50 Minuten backen.
Den Kuchen über Nacht stehen lassen.

Gebildbrote ab 4 Jahren

Zutaten: *150 g Quark, 1 Ei, 6 EL Milch, 6 EL Öl, 75 g Zucker, 300 g Mehl, 1 Päckchen Backpulver*

Die angegebenen Zutaten zuerst mit den Knethaken, dann mit der Hand zu einem Teig verkneten und zu der gewünschten Form verarbeiten, z. B. als Sonne, Kreuz oder Brezel. Wülste in passender Länge formen und übereinander auf das Backblech legen.
Mag man die Brote lieber herzhaft, so fügt man anstelle des Zuckers ½ Teelöffel Kräutersalz hinzu.
Im vorgeheizten Ofen bei 180° C ca. 45 Minuten backen.

Fliegenpilze ab 4 Jahren

Zutaten: *pro Person 1–2 hartgekochte Eier, feste Tomaten, 1 Tube Mayonnaise, Salatblätter*

Tomaten waschen und abtrocknen. Am Stielansatz eine kleine Kappe abschneiden und die Tomate mit einem Löffel aushöhlen. Den Eiern die Spitze abschneiden, um sie hinzustellen. Etwas Mayonnaise darauf spritzen und die Tomatenhälfte als Hut aufsetzen. Mayonnaise auftupfen. Die fertigen Fliegenpilze auf Salatblätter setzen und zum Osterfrühstück servieren.

Kulitsch (Russischer Osterkuchen) ab 5 Jahren

Zutaten: *750 g Mehl, 2 Würfel Hefe, 3 Eier, 3 Eigelb, ¼ l Milch, 250 g Butter, 200 g Puderzucker, Salz, 100 g Rosinen, 100 g gemahlene Mandeln, Fett für die Form*

Die Hefe mit einem Löffel Zucker in ⅛ l lauwarmer Milch auflösen, 250 g Mehl in eine vorgewärmte Schüssel schütten, in der Mitte eine Vertiefung machen und die Hefelösung hineingeben. Mit etwas Mehl verquirlen, den Vorteig zudecken und an einem warmen Ort ca. ½ Stunde gehen lassen.
Unterdessen Eier, Dotter und Butter schaumig rühren, die Rosinen mit heißem Wasser übergießen und gut abtrocknen. Das restliche Mehl mit Puderzucker, Salz und Mandeln vermengen und in eine große Schüssel füllen.
Dann den Vorteig, die restliche warme Milch und die Eiercreme dazugeben und mit den Knethaken verrühren. Auf einem bemehlten Backbrett durchkneten, bis der Teig glatt und elastisch ist. Eine Stunde an einem warmen Ort gehen lassen, dann die Rosinen unterkneten. In eine große oder zwei kleinere Backformen geben, zudecken und nochmals eine halbe Stunde gehen lassen.
Im vorgeheizten Backofen bei 220 °C ca. 1 Stunde backen.

Ostertaube (Paloma di Pasqua) ab 6 Jahren

Zutaten: *250 g Butter, 1 kg Mehl, 2 Päckchen Hefe, 150 g Zucker, 2 Eier, etwas Salz, 1 Teelöffel abgeriebene Zitronenschale, ⅜ l Milch, 1 Ei zum Bestreichen, 2–3 EL Milch zum Bestreichen, 50 g abgezogene Mandeln, 1 EL Hagelzucker, 1 Rosine*

Butter, Zucker, Mehl, Hefe, Eier, Salz, Zitronenschale und Milch zu einem geschmeidigen Teig verarbeiten und 30 Minuten gehen lassen.
Den Teig durchkneten, ausrollen und eine große Taube ausschneiden und formen. Auf ein gefettetes Blech legen, mit Ei und Milch bestreichen, halbierte Mandeln als Federn eindrücken, mit Hagelzucker bestreuen, Rosine als Auge einsetzen. 20 Minuten gehen lassen.
Im vorgeheizten Backofen bei 200 °C 25 bis 30 Minuten backen.

Anleitung zum Ostereier-Essen

Iss doch mal ein Osterei,
langsam und mit wenig Salz.
Schlingst du es hinunter,
würgt es dich im Hals.

Wackeleier ab 6 Jahren

Zutaten/Material: *Rohe Eier, Nadel, Klebeband, 1 Paket Götterspeise, kleiner Trichter oder große Einwegspritze, Eierkarton*

Rohe Eier mit einer Nadel oben und unten einstechen, auspusten und mit warmem Wasser gut ausspülen. Ein Loch mit Klebeband zukleben.
Die Götterspeise nach Anweisung zubereiten (evtl. etwas weniger Wasser nehmen) und mit Hilfe eines kleinen Trichters oder einer großen Einwegspritze in die Eier füllen.
Die befüllten Eier in einen leeren Eierkarton stellen und über Nacht im Kühlschrank die Götterspeise fest werden lassen.
Am nächsten Tag die Schale vorsichtig pellen und die Wackeleier herauslösen.

Kräuteromelette ab 6 Jahren

Zutaten: *je 1 Bund Petersilie, Kerbel, Schnittlauch, 1 Kästchen Kresse, 8 Eier, Salz, 40 g butter, 4 Tomaten*

Die Kräuter unter fließendem Wasser abspülen, mit Küchenkrepp trocken tupfen. Petersilie und Kerbel hacken, Schnittlauch und Kresse mit der Schere klein schneiden. Eier in einer Schüssel mit einer Gabel verschlagen, salzen und die Kräuter untermischen. Aus dem Teig nacheinander vier Omelettes backen. Dafür etwas Butter in der Pfanne schmelzen lassen, ein Viertel der Eimasse reingeben und bei schwacher Hitze 3 Minuten stocken lassen. Das Omelette sollte an der Unterseite hellgelb und in der Mitte noch weich sein. Mit einem Pfannenmesser den Rand lösen und die hintere Seite nach vorn klappen.
Mit geviertelten Tomaten garnieren.

Walpurgisnacht

Einblicke

Die katholische Kirche hat diesen Tag der heiligen Walburga gewidmet. Sie gilt als Schutzpatronin der Bauersfrauen, Hausfrauen, Mägde und Wöchnerinnen und soll gleichzeitig vor Zauberkunst bewahren. Möglicherweise liegt hier ein Zusammenhang zur Walpurgisnacht (vom 30. April zum 1. Mai), in der der Sage nach die Hexen auf Besen, Katzen oder Ziegenböcken zum Hexensabbat auf den Blocksberg (= Brocken, Gebirgszug im Harz) reiten, um mit dem Teufel zu feiern. Dieser Aberglaube geht darauf zurück, dass bis zur Zeit Karls des Großen die Sachsen Opferfeste auf dem Brocken abhielten, sich jedoch nach ihrer Taufe nur noch vermummt zu ihren Kultstätten wagten und somit die Fantasie und magischen Geschichten der Hexenzusammenkünfte beeinflussten.

Wo wohnen Hexen und warum reiten sie auf einem Besen?

Eine Hexe (althochdeutsch: hagazussa = Zaun- oder Hag-Reiterin) war sinngemäß eine weibliche Person, die aufgrund ihrer übersinnlichen Kräfte „Feld und Flur schädigte". Der Aberglaube, dass alte Hexen auf einem Besen reiten, leitete sich von der Vorstellung ab, Dämonen, und dazu gehörten eben auch Hexen, hielten sich in Hecken oder Hainen auf oder ritten auf Zäunen. Zäune bestanden meist aus gegabelten Ästen, die dann in bildlichen Darstellungen zu Hexenbesen wurden.

Männliche Hexen, als Hexer, Hexenmeister oder Zauberer bezeichnet, traten und treten auch heute noch meistens als Trickkünstler oder Helden auf. Sie haben historisch gesehen einen anderen Ursprung und rufen demzufolge auch jeweils andere Assoziationen hervor.

Während in vorchristlicher Zeit weise Frauen mit geheimnisvollen Kenntnissen als Hexen galten, benutzte die Kirche im Mittelalter diese Bezeichnung für Frauen, die angeblich mit dem Teufel im Bunde standen und somit qualvollen Folterungen, meist mit Todesfolge, durch die Inquisitoren ausgeliefert waren.

Die Walpurgisnacht gehört zu den sogenannten *Freinächten*, in denen früher die jungen Männer, die zum Militärdienst einberufen wurden, noch einmal nach Herzenslust Unfug treiben wollten. Nach altem Volksglauben sind in diesen Freinächten aber auch sehr viele Hexen unterwegs.

Tipps für die Kita

- Heutzutage gehören Hexen zu den magischen Wesen, die nur in der Literatur bzw. Fantasie existieren. Viele Hexen finden sich in der Sammlung der *Kinder- und Hausmärchen* der Brüder Grimm. Das bekannteste ist wohl das Märchen *Hänsel und Gretel,* in dem die Hexe mit allen Merkmalen dargestellt wird, die ihr der Volksglaube angedichtet hat: böse und hinterhältig, faltiges Gesicht mit Hakennase, Buckel, Kopftuch und zerlumpte Kleidung.
  Die meisten Kindergartenkinder haben sicher noch keine Vorstellung von diesen menschenfressenden Hexen aus den Grimmschen Märchen. Ihr Hexenbild ist, wenn überhaupt, eher medial geprägt durch *Bibi Blocksberg,* Otfried Preußlers *Kleine Hexe* oder *Harry Potters* Zauberlehrlingskameraden: jung, neugierig, freundlich, hilfsbereit, möglicherweise stimmt nur die Kleidung mit dem Stereotyp der Hexen überein.
- Vor der Durchführung eines Hexenfestes oder einer Walpurgisnacht in der Kita ist es sinnvoll, in Gesprächen die eigenen Vorstellungen der Kinder von Hexen zu erfahren. Erst danach sollten Kinder mit Hexenabbildungen konfrontiert werden.
- Maskierungen und Verkleidungen führen bei jüngeren Kindergartenkindern häufig zu Verunsicherungen und Ängsten. Die Verkleidung der Bezugspersonen im Kindergarten sollte unter allen Umständen einen freundlichen Charakter haben, um eine positive Wirkung zu erzielen.
- Kinder unter sechs Jahren denken nicht abstrakt. Sie befinden sich in der Phase des magischen Realismus, d.h. Realität und Fantasie liegen eng beieinander, sodass sie tatsächliche Erlebnisse mit inneren Vorstellungen vermischen. Hexen gehören wie z.B. Zwerge, Feen und Zauberer zu den imaginären Wesen, die nur im fantasievollen Spiel zum Leben erweckt werden.
- Es ist zu empfehlen, die Walpurgisnacht erst mit älteren Kindergartenkindern durchzuführen.
- In der pädagogischen Arbeit werden Hexen nicht als strafendes oder abschreckendes Erziehungsmittel eingesetzt.
- Auch die Jungen im Kindergarten können für die Teilnahme an einem Hexenfest gewonnen werden, wenn ihnen eine männliche Rolle als *Hexenmeister, Hexenlehrling* oder *Zauberer* angeboten wird.

Spiel-Platz

Hexenecho Kennenlernspiel, ab 4 Jahren

Alle Mitspieler bilden einen Kreis. Ein Spieler geht in die Kreismitte und beginnt: „Mein Name ist Herta Hexe!“ Dabei macht sie eine Bewegung und geht wieder in den Kreis zurück. Die anderen Hexen gehen ebenfalls in Richtung Kreismitte und rufen:
„Heissa Walpurgisnacht, Herta Hexe!“
Sie wiederholen die vorgemachte Bewegung, dann ist die nächste Hexe an der Reihe.

Eins, zwei, drei im Hexenschritt Spiellied, ab 4 Jahren

Text: Brigitte vom Wege, Melodie: überliefert

Material: *ein Hexenbesen oder Gymnastikstab*

Die Kinder bilden einen Kreis und singen. In der Mitte liegt ein Hexenbesen. Nach der Namensnennung löst sich der entsprechende Spieler aus dem Kreis, geht in die Mitte und führt mit dem Besen die im Liedtext angegebenen Bewegungen aus. Danach legt *Hexer Jan* oder *Lisahex'* den Besen zurück und benennt in der nächsten Spielrunde ein weiteres Kind.

Fünf Hexen   Fingerspiel, ab 4 Jahren

Seht hier in diesem Hexenhaus
fünf Hexen gehen ein und aus.
Das ist die Hex Lakritze,
erzählt den ganzen Tag nur Witze.
Das ist die Hexe Besenbein,
putzt jeden Tag das Haus ganz rein.
Die dünne Hexe Bohnenstange,
ist nachts beim Fliegen ziemlich bange.
Die schöne Hexe Bella Block,
trägt einen tollen Flickenrock.
Und wo ist denn die Kleinste nur?
Von Hexe Minni keine Spur?
Doch seht, sie steckt in meinem Ohr
und spricht nen Zauberspruch mir vor:
„Hokuspokusfidibus,
dreimal schwarzer Kater!“
(Brigitte vom Wege)

Fünf Finger zeigen,

Daumen zeigen,

Zeigefinger zeigen,

Mittelfinger zeigen,

Ringfinger zeigen,

kleinen Finger zeigen,

kleinen Finger ins Ohr stecken,
dem Nachbarn den Zauberspruch
ins Ohr flüstern.

Zauberbesen   Bewegungsspiel, ab 4 Jahren

Material: *CD-Spieler, bewegte Musik, ein Zauberbesen*

Alle Mitspieler sind Hexen, die sich nach flotter Musik im Raum bewegen und dabei einen Zauberbesen herumreichen. Ein Mitspieler ist die Oberhexe und bedient den CD-Spieler. Stoppt die Musik, verharrt die Hexe in der Bewegung, die den Besen in der Hand hält. Die Oberhexe geht zu ihr und erlöst sie mit einem Zauberspruch.
Fideldum und Fideldei
ich zaubere dich frei.
In der nächsten Spielrunde darf sie als Oberhexe den CD-Spieler betätigen.

Hexentrank   Sinnesspiel, ab 5 Jahren

Material: *auf einem Tisch stehen 4 Krüge gefüllt mit: Traubensaft, Vanillemilch, Apfelsaftschorle, Hagebuttentee, für jeden Spieler einen Trinkhalm*

Jeder Spieler probiert mit seinem Trinkhalm und nennt das entsprechende Getränk. Anschließend geben die Spieler den Getränken Fantasienamen, z. B. Tintensaft, Mäusemilch, Hexenwasser oder Teufelstee.

Flug zum Blocksberg Spiellied, ab 4 Jahren

Text: Brigitte vom Wege, Melodie: überliefert

Material: *ein Hexenbesen oder Gymnastikstab*

2. Jetzt dreh' ich eine Schleife,
   ihr Hexen sollt mal sehn,
   wie ich auf meinem Besen
   mich rundherum kann drehn.

3. Jetzt flieg ich langsam tiefer,
   der Blocksberg soll es sein.
   Dort ist das große Hexenfest,
   ich seh den Feuerschein.

Die Kinder bilden einen Kreis und singen. In der Mitte hält eine kleine Hexe ihren Besen zwischen den Beinen und läuft im Kreis herum. Wenn die Hexe eine Schleife fliegt, dreht sie sich auf der Stelle. Bei der Landung geht sie langsam in die Hocke.

Ich bin die Hexe Wackelzahn Spiellied, ab 4 Jahren

Text: Brigitte vom Wege, Melodie: überliefert

2. Ich wohn in einem Hexenhaus
Und schaue gern zum Fenster raus.
Refrain: Mal links, hex ...

3. Ich koche gerne Krötenbein
mit Fliegendreck und Spinnenwein.
Refrain: Mal links, hex,

4. Ich reite gerne im Mondenschein
Mit meinem Raben ganz allein.
Refrain: Mal links, hex,

5. Ich hole jetzt mein Zauberbuch
und spreche einen Zauberspruch:
Refrain: Mal links, hex, hex, mal rechts, hex, hex,
mal auf hex, hex, mal ab, hex, hex.
Potz blitz, jetzt bin ich weg.

Die Kinder stehen im Kreis, singen und führen passende Bewegungen zum Liedtext aus.

Die Hexen sausen durch den Wald Spiellied, ab 5 Jahren

Text: Brigitte vom Wege, Melodie: überliefert

1. Die Hexen sausen durch den Wald,
   ihr Kichern durch die Bäume schallt,
   und alle Hexen rufen laut:
   Refrain: Wer hat das Hexenbuch,
   wer hat das Hexenbuch,
   wer hat das Hexenbuch geklaut? (2x)
2. Die Donnerhexe hat kein Licht
   und ohne Licht, da hext sie nicht.
   Refrain: Und alle Hexen ...
3. Was macht die Kräuterhexe nur,
   von Hexenkräutern keine Spur.
   Refrain: Und alle Hexen ...
4. Die Knusperhexe ist in Not,
   sie hat kein Knusperknäckebrot.
   Refrain: Und alle Hexen ...
5. Die Oberhexe hext zum Schluss
   nur „Hokuspokusfidibus“!
   Refrain: Und alle Hexen ...
6. Die Kicherhexe ruft „Hurrah,
   das Hexenbuch ist wieder da!“
   Refrain: Und alle Hexen rufen laut:
   „Da ist das Hexenbuch,
   da ist das Hexenbuch,
   die Kicherhexe hat's geklaut!

Alle Kinder sitzen zunächst im Stuhlkreis und singen. Zur ersten Strophe und jeweils während des Refrains bewegen sich alle in der Kreismitte. Die im Lied enthaltenen Hexenrollen werden vorher verteilt (evtl. mit Requisiten, z. B. Kopftuch, Besen) und stellen sich von Strophe zu Strophe einzeln in der Mitte vor.

Hexe, Hexe, was kochst du heute? Fangspiel, ab 6 Jahren

Durch einen Abzählreim wird der Fänger (Hexe) ermittelt. Auf den Ruf der Gruppe:
„Hexe, Hexe, was kochst du heute?"
antwortet die Hexe mit dem Namen einer Hexenspeise, z. B.: *Spinnenbeine.*
Die Spieler gehen nun die Silbenanzahl in Schritten auf die Hexe zu, die in einem begrenzten Spielfeld auf der anderen Seite steht. Antwortet diese irgendwann: „*Kleine Kinder*!", beginnt das Fangspiel. Die Abgeschlagenen helfen der Hexe in der nächsten Runde.

Abzählreim

1, 2, 3, 4, 5, 6, 7,
auf dem hohen Berge drüben,
steht ein Schloss von blanken Zinnen,
wohnt ne alte Hexe drinnen.
Fällt die Hex' den Berg hinab, bricht sie sich die Beine ab,
doch geht sie auch ohne Bein,
kann ja zaubern!
Du sollst's sein.

Blitzhexe – Sturmhexe – Hagelhexe Bewegungsspiel, ab 5 Jahren

Material: *für jeden Mitspieler einen Stab oder Hexenbesen*

Alle laufen mit ihren Besen durch den Raum. Dabei Hindernisse überwinden, schnell, langsam, rückwärts laufen usw. Bei dem Signal:
Blitzhexe – in die Hocke gehen,
Sturmhexe – einen Spielpartner anfassen,
Hagelhexe – an die Wand stellen.

Kreativ-Werkstatt

Hexenhausbau ab 4 Jahren

Material: *Schaumstoffelemente, Matten, Kisten, große Kartons, Tücher, Seile u. v. m.*

Im Bewegungsraum bauen alle aus den o. g. Materialien ein Hexenhaus.

Variante: Unter einem Klettergerüst oder einer Rutsche können die Kinder aus Naturmaterialien, z. B. Ästen, Zweigen, ebenfalls ein Hexenhaus bauen.

Hexenbesen ab 5 Jahren

Material: *Stock oder Besenstiel, Reisig, Messer, Blumendraht, farbige Wolle oder Permanentstifte*

Im Wald sammeln die Kinder kleine Zweige z. B. von der Birke und binden diese mit Draht um einen stabilen Stock oder Besenstiel. Dabei ist die Hilfe eines Erwachsenen nötig. Zur individuellen Gestaltung können die Stiele mit farbiger Wolle umwickelt oder mit Permanentstiften bemalt werden.

Variante: Ältere Kinder können in ihre selbst gesuchten Stöcke Muster hineinschnitzen.

Zahnbürsten-Hexen ab 5 Jahren

Material: *eine alte Zahnbürste, Pfeifenreiniger, Wollreste, Baumwollstoffreste, Wattekugel, Filzstifte, Alleskleber, Schere, Faden*

Zwei Pfeifenreiniger werden parallel nebeneinander gelegt. Am unteren Ende für die Beine etwas auseinanderspreizen und oben für den Körper beide Pfeifenreiniger zusammendrehen. Für die Arme einen Pfeifenreiniger einmal um den Körper wickeln, dabei für den Kopf ca. 2 cm Pfeifenreiniger überstehen lassen. Die Enden der Pfeifenreiniger für die Füße und die Hände umbiegen. Aus einem Baumwollstoffrest einen quadratischen Umhang ausschneiden, zwei Löcher für die Arme hineinschneiden und der Hexe anziehen. Nun den Stoff am Körper festkleben. Die Wattekugel mit einem lustigen Gesicht bemalen, Wollreste als Haare aufkleben, ein kleines Kopftuch aufkleben und den Kopf auf den Pfeifenreinigerkörper stecken.

Die alte Zahnbürste als Besen durch den Umhang der Hexe stecken. Zum Schluss einen Faden an der Zahnbürste befestigen, so dass die Hexe unter der Zimmerdecke schweben kann.

Hexenbeutel – Hexenkopftuch – Hexenumhang ab 6 Jahren

Material: *weiße Bettlaken, Zickzackschere, Stofffarbe, Korken- oder Kartoffelstempel, grobe Sticknadel, Baumwollband, Batikfarbe*

Für den *Hexenbeutel* wird aus alten Bettlaken ein Kreis mit der Zickzackschere geschnitten und mit Stofffarbe und Stempeln (z. B. Korken oder Kartoffeln) bedruckt. Anschließend ein Band mit der Nadel am Rand entlangsteppen, um damit den Beutel zuzuziehen.
Für *Hexenkopftuch und Hexenumhang* werden ebenso Quadrate aus alten Bettlaken zugeschnitten und mit einfacher Knüpf-Batik gefärbt, die strahlenartige Muster entstehen lässt. Dafür wird der Stoff an beliebigen Stellen mit einigen Fäden so abgebunden, dass warzenähnliche Knoten entstehen. Anschließend legt man ihn in ein Farbbad, spült ihn gut aus, löst die Fäden und hängt ihn zum Trocknen auf. Zum Schließen des Hexenumhangs wird durch den oberen Rand ein Band gezogen.

Ess-Ecke

Hexenpunsch (8 Portionen) ab 4 Jahren

Zutaten: *2 Flaschen Lemon-Limonade, 2 Flaschen Wasser, Waldmeistersirup, „Käfereiswürfel" (Eiswürfel wie gewohnt im Gefrierfach einfrieren lassen und vorher eine Rosine reinlegen) oder schwarze Plastikspinnen*

Limonade und Wasser in eine große Glasschale füllen. So viel Waldmeistersirup zugeben, dass das Getränk eine schöne grüne Farbe erhält. Deswegen unbedingt Lemon-Limonade verwenden, weil es sonst zu süß wird. Mit „Käfereiswürfeln" servieren. Vorher Plastikspinnen als Dekoration in die Schale legen.

Hexenknöpfe ab 5 Jahren

Zutaten: *1 Zitrone, 150 g weiche Butter, 75 g Puderzucker, 1 Eigelb, Salz, 225 g Mehl*

Die Zitrone heiß waschen, die Schale abreiben und mit der Butter, dem Puderzucker, dem Eigelb, einer Prise Salz und dem Mehl rasch zu einem glatten Teig verkneten. Teig in Folie wickeln und eine Stunde kühl stellen.
Backbleche mit Papier belegen. Teig auf einer mit Mehl bestäubten Arbeitsfläche ca. 3 mm dünn ausrollen. Kleine Kreise in verschiedenen Größen daraus ausstechen (z. B. mit kleinen Ausstechern oder dem Rand eines Eierbechers oder Schnapsglases). Teigkreise auf das Backblech legen.
Backofen auf 200 °C (Umluft 180°) vorheizen. Um das typische Aussehen von Knöpfen zu erzeugen, jeweils mit der abgerundeten Seite eines kleineren runden Ausstechers oder dem Rand eines kleineren Glases einen Ring in die Teigkreise drücken und mit Hilfe eines Schaschlikstabes in der Mitte der Teigkreise 2, 3 oder 4 kleine Löcher ausstechen.
Hexenknöpfe im heißen Ofen (Mitte) ca. 12 Min. backen. Aus dem Ofen nehmen und auf einem Kuchengitter auskühlen lassen. Hexenknöpfe bleiben in einer gut schließenden Blechdose einige Wochen knusprig.

Hexensuppe ab 5 Jahren

Zutaten: *500g rote Rüben, 250g Suppengrün,
3 EL Sonnenblumenöl, 1l Gemüsebrühe, 2 Zwiebeln, 250g Weißkohl, 250g Kartoffeln, 1 Lorbeerblatt, 6 Pfefferkörner, 2 Nelken, Kümmel, 200g Tomaten (auch aus der Dose), Kräutersalz, Knoblauch,
2 EL. Obstessig, Pfeffer, ¼ l saure Sahne, Petersilie*

Die geschälten roten Rüben und Suppengrün in Streifen oder Würfel schneiden. In einem Topf in Sonnenblumenöl anschmoren, die Brühe hinzufügen, ca. 20 Minuten köcheln lassen. Gehackte Zwiebel, fein geschnittenen Kohl, geschälte, gewürfelte Kartoffeln und Gewürze zugeben (Lorbeerblatt, Pfefferkörner und Nelken in eine Zwiebel stecken, vor dem Servieren entfernen). Weitere 30 Minuten kochen. Die letzten 10 Minuten abgezogene, gewürfelte Tomaten zugeben.
Mit Kräutersalz, Knoblauch, Obstessig und Pfeffer abschmecken. Vor dem Anrichten saure Sahne unterrühren und mit gehackter Petersilie bestreuen

Hexensuppenschmaus (Fingerspiel)

*Tief im Walde steht ein Haus,
da kochen fünf Hexen den Suppenschmaus.
Die Dicke schneidet Rüben klein,
die Dünne ein Pfund Spinnenbein.
Die Lange hackt 'ne große Zwiebel,
der Feinen wird's auf einmal übel.
Die Kleine holt die Suppentassen,
worauf sie ihre Hände fassen.
„Hokuspokus, nix verschütt!
Guten Appetit!"*
(Text: Brigitte vom Wege)

Sommerfeste

Einblicke

Am 21./22. Juni, der Zeit des höchsten Stands der Sonne und der kürzesten Nacht des Jahres, feiert man heute noch in vielen Gegenden Europas den Sommeranfang, auch *Mittsommernacht, Sonnwendtag* bzw. *Sommersonnenwende* genannt. Diese Feste, die in vorchristlicher Zeit in Zusammenhang mit Sonnenkulten standen, waren mit vielerlei Bräuchen verbunden. Anfänglich wurden die Sonnwendfeiern von kirchlicher Seite bekämpft. Doch schon in frühchristlicher Zeit legte man das Geburtsfest Johannes' des Täufers (24. Juni) auf den Tag der Sommersonnenwende, so dass es zu einer Verschmelzung von Bräuchen kam und das *Johannisfest* bzw. die *Johannisnacht* entstand. Dieses heute christliche Fest begann immer mit dem Johannis- oder Sonnwendfeuer, das die Sonne bzw. den Apostel Johannes als „Leuchte der Menschheit" symbolisieren sollte.
Der Johannistag war aber auch der „Tag der Heilkräfte", an dem man die „Johanniskräuter" für die Hausapotheke sammelte. Auch heute werden noch „Johannissträuße" gepflückt, zu Kränzen geflochten oder an Fenster und Türen gesteckt. Traditionell wurden am Johannistag „Holunderküchlein" gebacken, weil man annahm, dass Holunderblüten, an diesem Tag gepflückt, besonders heilkräftig waren. Deshalb wird der Johannistag in manchen Gegenden auch „Holdertag" genannt.
Der Hochsommer, Juli bis Ende August, wird auch heute noch als Haupterntezeit betrachtet. Da das Abernten großer Felder früher eine schwere körperliche Arbeit bedeutete, suchten die zahlreichen Erntehelfer nach ausgleichender Unterhaltung. Diese Zeit etwa ab Jakobus (25. Juli) stand ganz im Zeichen von Erntefeiern und *Kirchweihfesten*. Kirchweihfeste, auch *Kirchmesse, Kirta* oder *Kirmes, Kermse, Kirmse, Kerbe, Kirbe* genannt, bezeichnen den Tag der feierlichen Einweihung einer Kirche und werden seit dem 9. Jahrhundert jedes Jahr festlich begangen. Die Kirchweih ist in vielen Gegenden nach wie vor ein Dorf- und Familienfest, das mindestens zwei Tage von Sonntag bis Montag dauert und in der Zeit zwischen Ende August und Michaelis (29. September) abgehalten wird. Üblicherweise beginnen die Festlichkeiten mit einem Gottesdienst in der Kirche. Danach folgen Tanzveranstaltungen, Märkte (auch *Kirchweihdulten)*, Wettspiele sowie Festessen, z. B. in Schmalz gebackene Kirchweihnudeln, Kirchweihgänse, Kirmeskuchen u. v. m.

Tipps für die Kita

- In vielen Kindertageseinrichtungen gehören Sommerfeste inzwischen zu den regelmäßig wiederkehrenden Höhepunkten. Vielfach sind sie in lokale Veranstaltungen wie Kirchweih-, Gemeinde-, Straßen- oder Stadtteilfeste eingebunden. Eigene sommerliche Spielaktionen können zusätzlich unter ein Motto gestellt werden, z. B. Lampion-, Blumen-, Kräuter- oder Waldfest.
- Spiele sind ideale „Brückenbauer", um mit Menschen in Kontakt zu kommen. Ähnlich wie auf einer Kirmes können sich dabei an Spielstationen oder Jahrmarktständen unterschiedliche Generationen, Nationalitäten oder Nachbarn näher kennenlernen.
- Sommerfeste sollten möglichst im Freien, z. B. auf dem Außengelände der Tageseinrichtung, gefeiert werden, so dass die Kinder einmal die Gelegenheit haben, die Dunkelheit spielerisch aktiv zu erleben. Sie können beobachten, wie sich das Licht verändert, wie die Schatten wachsen, wann der erste Stern blinkt, evtl. sogar mit einem Fernrohr. Die Leuchtkraft der angezündeten Lichter und Feuer beeindrucken in der Dunkelheit viel mehr als im Tageslicht. Selbst in den Städten tauchen mitunter nachtaktive Tiere auf, wie Igel, Kaninchen, Fledermäuse oder Glühwürmchen, die unmittelbar erlebt, bleibende Erinnerungen hinterlassen.
- Vor allem jüngeren Kindern kann die Dunkelheit der Nacht mit ihren veränderten Geräuschen, Lichtern und Schattenbildern Angst bereiten. Hier ist ein ernst zu nehmender und sensibler Umgang vonseiten der Erwachsenen gefordert, d. h. kein Kind wird zu einem Spiel oder einer Aktivität gezwungen.
- Ein Johannisfeuer darf nur an einer dafür vorgesehenen Feuerstelle errichtet werden, ggf. muss bei der örtlichen Feuerwehr vorher eine Genehmigung eingeholt werden. *Keine Brandbeschleuniger benutzen!* Zur eigenen Sicherheit sollten mehrere Eimer Wasser in erreichbarer Nähe sein.
- Bei der Auswahl der Spiele ist das Alter der Kindergartenkinder zu berücksichtigen. Auf reine Wettkampfspiele sollte verzichtet werden, stattdessen können Sie konkurrenzarme Spiele anbieten.

Sommerfest-Spielstände

Barfuß-Pfad Sinnesspiel, ab 3 Jahren

Material: *harte und weiche Fußmatten, Korkplatte, Styropor, Noppenfolie, Schaumstoffplatten, Metallplatten, z. B. Fußroste, Kieselsteine, Sand, Tannenzapfen, Moos, Torf, etc.*

Auf dem Boden werden verschiedene Materialien zu einem Barfuß-Pfad aneinandergereiht. (Lose Materialien können auch in flache Kisten, Kartons oder Autoreifen gefüllt werden.) Dann führt ein „sehender" Spieler einen „Blinden" über den Parcours. Dabei kann geraten werden, welches Material man gerade fühlt.

Wasserrutsche Bewegungsspiel, ab 3 Jahren

Material: *feste, glatte Plane oder Folie (z. B. Silofolie aus der Landwirtschaft), etwas Schmierseife, Wasserschlauch mit Wasseranschluss oder Rasensprenger*

Am besten legt man die Plane auf einer Rasenfläche aus. Die Bahn kann mit etwas Schmierseife glatt gemacht werden und sollte in Rutschrichtung einen Wasserzulauf, z. B. durch einen Wasserschlauch oder Rasensprenger, haben, damit sich die „Rutscher" keine Verbrennungen holen, weil die Plane evtl. zu stumpf ist.
Damit man richtig gut rutschen kann, sollte es zumindest ein kleines Gefälle geben. Im Zweifel kann man die Plane natürlich auch komplett eben auslegen.
Achtung! Auch wenn so eine Wasserrutsche viel Spaß macht, muss eine erwachsene Person die Aufsicht übernehmen. Alle „Rutscher" müssen vereinbarte Regeln beachten:

- Es wird nur mit Sicherheitsabstand gerutscht.
- Aus Sicherheitsgründen ist das sofortige Verlassen der Rutschbahn im Auslauf notwendig.
- Niemand darf die Wasserrutsche beim Hochlaufen kreuzen.
- Wer die Wasserrutsche ausprobieren möchte, macht das freiwillig und auf eigene Gefahr!

Fische angeln Geschicklichkeitsspiel, ab 3 Jahren

In einem Wasserbecken schwimmen zehn ausgesägte, bemalt und lackierte Fische, die mittig mit einer Ringschraube versehen sind. Der Spieler versucht mit seiner Angel, an der ein stabiler Drahthaken (für ältere Kinder) oder ein Magnet (für jüngere Kinder) befestigt ist, in einer vorgegeben Zeit einen Fisch zu angeln. Für einen geangelten Fisch gibt es einen kleinen Preis.

Schatzsuche im Sandkasten Suchspiel, ab 3 Jahren

Je nach Motto des Sommerfestes werden kleine Schätze im Sandkasten vergraben, z. B. in leeren Hüllen von Überraschungseiern oder Alufolie kleine Halbedelsteine, mit Goldbronze angemalte Steine, Schokogoldtaler oder Dinosaurierfiguren. Die Kinder graben mit den Händen oder Handschaufeln nach den Schätzen.

Dosen werfen Geschicklichkeitsspiel, ab 4 Jahren

21 Dosen zu einer Pyramide aufstellen. Jeder Spieler versucht von der Wurflinie mit drei Tennisbällen so viele Dosen wie möglich umzuwerfen. Werden mehr als die Hälfte der Dosen getroffen, gibt es einen kleinen Preis.

Scheiben treffen Geschicklichkeitsspiel, ab 5 Jahren

Acht bunt beklebte oder bemalte Bierdeckel (immer zwei von einer Farbe) müssen von der Wurflinie nacheinander so geworfen werden, dass jeweils die gleiche Farbe getroffen wird. Wer trifft, erhält einen kleinen Preis.

Wurfmännchen Geschicklichkeitsspiel, ab 5 Jahren

Auf einer Sperrholzplatte (Stärke 10 mm, Länge 120 cm, Breite 40 cm) oder starker Pappe die Umrisse einer menschlichen Figur aufzeichnen, aussägen und bemalen.
Auf der Rückseite einen Besenstiel anschrauben, ca. 30 cm über das Fußende hinausragen lassen und das Ende des Rundholzes in einen Gartenschirmständer stecken.
Von einer 3 Meter entfernten Markierung einen Fahrradmantel oder -schlauch mit beiden Händen über die Figur werfen. Jeder Spieler hat drei Würfe. Für einen Treffer gibt es einen kleinen Preis.

Gondelfahrt Geschicklichkeitsspiel, ab 5 Jahren

Material: *Skateboard oder Rollbrett, Gymnastikstab oder Besenstiel*

Auf einer ebenen, asphaltieren Fläche wird eine kurvige Strecke markiert (mit Kreide oder Seilen). Der Spieler hat die Aufgabe, seine Gondel (Skateboard) sitzend, kniend oder stehend mit Hilfe des Gymnastikstabes oder Besenstiels durch den Parcours zu führen.
Werden zwei Strecken markiert, können auch zwei Gondelfahrer gegeneinander antreten.

Cowboy Joe Geschicklichkeitsspiel, ab 6 Jahren

Material: *3 Wasserpistolen, 6 Rollen Toilettenpapier (ein- oder zweilagig), Wäscheleine, Wäscheklammern, kleine Tüten mit Süßigkeiten, z. B. Gummibärchen*

An einer Wäscheleine mehrere Toilettenpapierstreifen mit Wäscheklammern mit etwas Abstand nebeneinander aufhängen. Am unteren Ende des Papierstreifens mit einer Wäscheklammer eine kleine Tüte Gummibärchen befestigen.
Jeder Spieler versucht mit einer Wasserpistole auf einen Papierstreifen zu zielen. Sobald dieser vom Wasser aufgeweicht ist und reißt, erhält er den süßen Preis.

Spielvorschläge für Großgruppen

Piratenschiff Laufspiel, ab 3 Jahren

Alle Kinder und Erwachsene, außer zwei, stellen sich im Kreis auf und fassen sich an. Zwei Spieler beginnen als „*Piratenschiff*". Sie nehmen sich ebenfalls an die Hand und gehen den Außenkreis entlang, um einen passenden Hafen zu finden. Haben sie eine geeignete Stelle gefunden, dann trennen sie die Hände zweier Spieler und laufen noch einmal um den Kreis herum. In der Zwischenzeit haben sich die zwei getrennten Spieler wieder angefasst und laufen in entgegengesetzter Richtung am Außenkreis vorbei. Sie müssen versuchen, den *Hafen* (die Lücke im Kreis) vor dem *Piratenschiff* zu erreichen. Das Spielerpaar, das zuerst im Hafen einläuft, schließt den Kreis. Das andere Paar ist nun das *Piratenschiff* und muss sich als Nächstes auf die Suche nach einem Hafen machen.

Schwungtuchwasserspiele ab 3 Jahren

Material: *eine feste transparente Plane, Wasser, Spielzeugtiere für die Badewanne, Taschenlampe, Lebensmittelfarbe, Handtücher*

Die Plane wird überwiegend von Erwachsenen hochgehalten. Mehrere Kinder legen sich darunter. Auf die Plane wird Wasser gegossen:

- Die Plane wird von allen Seiten wellenförmig bewegt, sodass das Wasser in vielen kleinen Tropfen nach oben spritzt und wieder auf die Plane tropft. Die Kinder „unter Wasser" hören das Plätschern auf der Wasseroberfläche.
- In das Wasser auf der Plane werden Spielzeugtiere für die Badewanne gelegt, die durch die Auf-und-ab-Bewegung der Plane im Wasser schwimmen.
- Das Wasser auf dem Tuch wird hin und her bewegt und mit einer Taschenlampe bestrahlt. Die Kinder „unter Wasser" können die Lichtspiele beobachten.
- In das Wasser auf dem Tuch blaue Lebensmittelfarbe geben. Durch die Bewegungen der Plane können die Kinder „unter Wasser" beobachten, wie sich die Farbe verteilt.

Flipper Ballspiel, ab 4 Jahren

Material: *ein Gummi- oder Softball*

Alle stellen sich, mit Ausnahme eines Spielers, mit dem Gesicht nach außen im Kreis auf. Dann grätschen sie die Beine, sodass jeder die Füße seines Nachbarn berührt, aber trotzdem noch bequem stehen kann. Die „Flipper" beugen sich nach vorn und schwingen die Arme zwischen den Beinen. Ein Spieler steht in der Kreismitte und stellt ein bewegliches Ziel dar. Die *Flipper* flippen nun den Ball im Kreis hin und her, um den Spieler damit zu treffen. Der Spieler hingegen muss versuchen, dem Ball auszuweichen. Wird der Spieler von einem Flipper getroffen, so geht er als neues Ziel in den Kreis.

Variante: Bei einer großen Gruppe können auch mehrere Spieler in der Kreismitte stehen.

Fuchs und Eichhörnchen Ballspiel ab 5 Jahren

Material: *2 gleich große Bälle und ein kleinerer Ball, z. B. ein Tennisball*

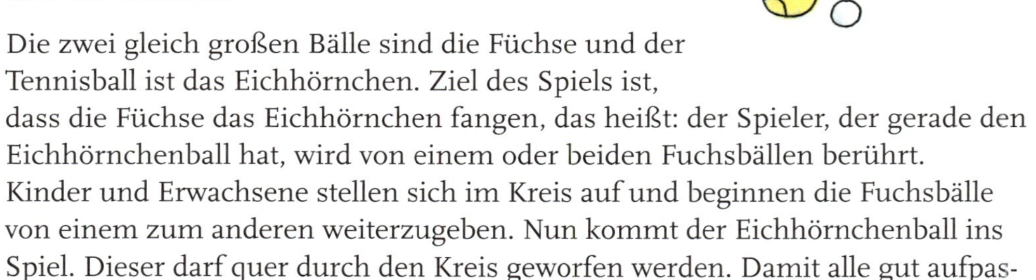

Die zwei gleich großen Bälle sind die Füchse und der Tennisball ist das Eichhörnchen. Ziel des Spiels ist, dass die Füchse das Eichhörnchen fangen, das heißt: der Spieler, der gerade den Eichhörnchenball hat, wird von einem oder beiden Fuchsbällen berührt. Kinder und Erwachsene stellen sich im Kreis auf und beginnen die Fuchsbälle von einem zum anderen weiterzugeben. Nun kommt der Eichhörnchenball ins Spiel. Dieser darf quer durch den Kreis geworfen werden. Damit alle gut aufpassen, muss vor dem Werfen jeweils „Fuchs" oder „Eichhörnchen" gerufen werden.

Eierwerfen Wasserspiel, ab 5 Jahren

Material: *mehrere kleine Luftballons („Wasserbomben"), Wasser*

Die Luftballons sollten vor dem Spiel mit so viel Wasser gefüllt werden, dass sie wie schwabbelige Eier in den Händen liegen. Die Gruppe stellt sich im Kreis auf. Je nach Gruppengröße haben mehrere Mitspieler „Eier" in den Händen, die in Kreisrichtung den anderen Mitspielern zugeworfen werden. Die Fänger müssen gut aufpassen, dass die Eier nicht platzen. Platzt ein Ei, ist der Fänger „erfrischt", muss aber dafür ausscheiden. Die Spieler, die das letzte Ei fangen, sind natürlich die Gewinner und entscheiden, was sie mit ihrem „Glücksei" machen wollen.

Glühwürmchen-Sommertanz Spiellied, ab 4 Jahren

Die Mitspieler bilden einen Kreis, singen und führen die im Liedtext angegebenen Bewegungen aus.

Text: Rolf Krenzer (Originaltext „Kommt zu unserem Fest", leicht bearbeitet),

Musik: Siegfried Fietz, © Abakus Musik Barbara Fietz, 35753 Greifenstein

2. Klatscht zu unserm Fest...
Refrain: Lass dich ...

3. Stampft zu unserm Fest ...
Refrain: Lass dich ...

4. Trinkt und esst beim Fest ...
Ref.: Lass dich ...

5. Fasst euch alle an ...
Refrain: Lass dich ...

6. Tanzt und lacht beim Fest ...
Refrain: Lass dich ...

Nach dem Spiel nimmt jedes Kind seine Glühwürmchen-Laterne und hängt sie bis zum Ende des Festes in einen Baum oder Strauch.

Kreativ-Werkstatt

Sommerfest-Kreativstände

Milchtüten-Dampfer ab 3 Jahren

Material: *1 gut ausgespülter Milchkarton, etwas Sand, kleine Schaufel, Klebstoff, Papprollen, Pappreste, Stöckchen, Fähnchen, Plakatfarbe, Pinsel*

Damit der Dampfer beim Schwimmen nicht umkippt, etwa zwei kleine Schaufeln Sand in den Milchkarton füllen und sehr sorgfältig zukleben, damit er wasserdicht ist.
In der Zeit, in der der Kleber trocknet, kann der Dampfer mit Schachteln, Rollen, Fähnchen usw. geschmückt und beklebt werden.
Anschließend den Dampfer mit Wachsmalstiften bemalen.

Kugelketten ab 5 Jahren

Material: *Mehl, Salz, Wasser, Sticknadel*

Salzteig aus 2 Teilen Mehl, 1 Teil Salz und ½ Teil Wasser in der gewünschten Menge anrühren. Nimmt man mehr Salz, wird die Knetmasse weniger klebrig – sie darf aber auch nicht bröckeln.
Nun können die Kinder kleine Kugeln, Kegel, dicke Rädchen und andere Dinge daraus formen. Mit einer Stricknadel werden die Löcher zum Auffädeln hineingestochen. Sie müssen groß genug sein, denn beim Trocknen schrumpfen sie wieder etwas ein.
Die Kugeln sollten einige Zeit in der Sonne antrocknen, bis sich eine härtere Außenhaut gebildet hat. Dann werden sie auf eine Alufolie gelegt und über schwacher Glut auf Lagerfeuer gebacken.
Die Kugeln sind fertig, wenn sie goldgelb bis braun sind. Anschließend können sie noch mit Wasserfarbe bemalt und nach dem Trocknen der Farbe mit Klarlack lackiert werden. Und dann können sie zu einer Kette aufgefädelt werden.

Regenmacher ab 4 Jahren

Material: *eine leere Chipsdose, viele Nägel, Bleistift, Plakatfarbe, Pinsel, Füllmaterial, z. B. Kies oder Reis, eine Prickelnadel*

Mit einem Bleistift werden die Stellen für die Nägel auf der Chipsdose markiert. Die Nägel sollten versetzt angeordnet werden und einen Abstand von ca. 2 bis 3 cm haben. Dann werden die Löcher mit einer Prickelnadel vorgestochen und die Nägel in die Löcher gesteckt Die Röhre mit Plakatfarbe bunt anmalen. Nach dem Trocknen zu einem Viertel mit kleinen Steinen oder Reis füllen und gut verschließen.
Sobald die Röhre umgedreht wird, fallen die Steine oder Reiskörner geräuschvoll nach unten.

T-Shirt batiken ab 6 Jahren

Material: *1 weißes Baumwoll-T-Shirt, feste Kordel oder Schnur, 1 Batikfarbe, 1 Eimer, 1 langer Holzlöffel*

Die Batikfarbe nach Packungsangabe anrühren (selbstverständlich können auch mehrere Farben angeboten werden). Das T-Shirt zusammenknüllen, kreuz und quer zu einem festen Ball verschnüren und in das Farbbad geben. Bis zum Ende der Färbezeit, die auf der Packung angegeben ist, ein paar Mal umrühren.
Dann das T-Shirt aus dem Eimer nehmen und die Kordel öffnen.

Tipp:
Wichtig ist, dass das T-Shirt richtig nachbehandelt wird, denn sonst waschen sich die Farben wieder aus.

Sandbilder ab 3 Jahren

Material: *Zeichenpapier in der Größe DIN A4, Bastelkleber in der Tube, Vogelsand, Sprühlack*

Auf dem Papier werden mit dem Klebstoff verschiedene Muster oder Figuren aufgebracht, indem man mit der Tube wie mit einem Pinsel malt. Ist das Klebebild fertig, wird der trockene, feine Sand über das ganze Bild gestreut. nach kurzer Zeit ist der Kleber trocken und der Sand haftet gut am Papier. Dann wird der überflüssige Sand von dem Papier heruntergeschüttet. Das mit Klebstoff gemalte Bild hebt sich jetzt gut sichtbar vor dem Hintergrund ab.
Um den Sand zusätzlich zu fixieren, kann das Bild mit Klarlack besprüht werden.

Riesenseifenblasen ab 6 Jahren

Material: *für die Lauge: 75g Zucker, ½ Liter Wasser, 375ml Neutralseife, 13g Tapetenkleister, 4,5 Liter warmes Wasser*

Für den Ring: *ein großer Alubügel (aus der Reinigung) oder dicker Blumendraht, ein entsprechend langer Schnürsenkel aus Baumwolle oder Wolle*

Bei der Herstellung des Rings brauchen die Kinder die Hilfe eines Erwachsenen. Mit der Spitzzange den Kleiderbügel aufbiegen und den hohlen Schnürsenkel vorsichtig drüberziehen oder mit Wolle umwickeln (dadurch haftet später mehr Seifenlauge am Ring und die Riesenblasen werden stabiler).
Den ummantelten Draht um einen runden Gegenstand von ca. 20 cm Durchmesser biegen (z. B. um einen Kochtopf) und die Enden zu einem Stiel zusammendrehen. An der Stelle, wo sich die Drahtenden des Rings berühren, sollte keine Lücke sein, ggfs. mit der Zange nachbessern.
Für die Seifenblasenlauge den Zucker in einem halben Liter Wasser auflösen, Neutralseife und Tapetenkleister daruntermischen, in 4 ½ Liter warmes Wasser rühren und über Nacht stehen lassen.
Lauge in ein flaches Gefäß, z. B. Blumentopf-Untersetzer, gießen, Ring eintauchen, vorsichtig durch die Luft ziehen und schon entstehen riesengroße Seifenblasen.

Tipp:
Ringe für die Seifenblasen können bereits vor dem Sommerfest hergestellt oder durch gekaufte Seifenblasen-Ringe ersetzt werden

Ess-Ecke

Wassermelonen-Drink ab 3 Jahren

Zutaten: *4 TL Zitronenmelisse, ½ l Wasser, 1 Zitrone, 2–3 EL Honig, ½ Wassermelone*

Die Wassermelone aushöhlen, das Fruchtfleisch entkernen, würfeln und in das Gefrierfach des Kühlschranks legen. Das Wasser zum Kochen bringen und über die Melissenblätter gießen. 10 Minuten ziehen lassen, abseihen. Mit dem Saft der Zitrone und dem Honig vermischen und kalt stellen.
Den „Melissentee" in die ausgehöhlte Melone gießen, in Gläser füllen und mit den gefrorenen Wassermelonen-Würfeln anbieten.

Holunderblüten-Trank ab 3 Jahren

Zutaten: *2 l Wasser, ca. 7 Dolden Holunderblüten, Saft von 2 Zitronen, einige Melissenblätter, Honig nach Geschmack*

Holunderblüten über Nacht in Wasser ansetzen. Am nächsten Tag mit Zitronensaft und Honig abschmecken, frische Melisseblätter dazugeben. Gekühlt servieren.

Obstsalat im Bananenboot ab 4 Jahren

Zutaten: *250 g Erdbeeren oder Nektarinen, 2 Apfelsinen, 2 Bananen, 1 Apfel, 3 Scheiben Ananas, 50 g Walnusskerne, etwas Zitronensaft, etwas Zucker*

Erdbeeren waschen und entstielen. Abtropfen lassen, halbieren oder vierteln. Apfelsinen schälen, in Stücke teilen und würfeln. Bananenschalen längs schlitzen. Frucht rausnehmen, in Scheiben schneiden. Äpfel waschen, vierteln Kerngehäuse entfernen, und in kleine Stücke schneiden. Ananas würfeln, Walnüsse grob hacken. Alles miteinander mischen und mit Zitronensaft beträufeln. Etwas zuckern und in die Bananenschalen füllen. Mit einem Segel dekorieren (Blatt einer Obstsorte auf einem Schaschlikstab).

Popcorn (für eine Portion) ab 4 Jahren

Zutaten: *1 EL Zucker, 1 EL Wasser, 25g Popcornmais*

Die Zutaten in einer kleinen Mikrowellendose mit flachem Boden verrühren, so dass alle Maiskörner mit dem Zuckerwasser bedeckt sind. Den Deckel locker auf die Schüssel legen. Bei 800 W für 3–4 Minuten in die Mikrowelle, bis kaum noch Körner aufgehen. Aus der Dose in eine Schüssel schütten und abkühlen lassen. Anschließend in Butterbrottüten aus Pergamentpapier füllen.
Das Popcorn ist knusprig, nicht zu süß und ohne Fett.

Johannis-Küchlein ab 5 Jahren

Zutaten: *500g Mehl, 250g Butter, 75g Zucker, abgeriebene Schale einer Zitrone, 10 hartgekochte Eidotter, 1 Prise Salz, Erdbeer- oder Johannisbeermarmelade oder -gelee*

Mehl, Butter, Zucker, abgeriebene Zitronenschale, eine Prise Salz und den durch ein Sieb gestrichenen Eidotter zu einem glatten Teig verarbeiten. Den Teig ca. einen Zentimeter dick ausrollen und mit einem Glas zu kleinen runden Küchlein ausstechen. Auf ein Blech legen, mit einer Gabel mehrmals einstechen und bei 200 °C 10–15 Minuten backen.
Nach dem Erkalten mit Marmelade oder Gelee bestreichen.

Kirchweih-Nudeln ab 6 Jahren, mit Hilfe der Erwachsenen

Zutaten: *500g Mehl, 30g Hefe, 1 TL Zucker, 1/8l lauwarme Milch, 100g Zucker, 100g Margarine, 2 Eier, 1 Prise Salz, abgeriebene Schale einer Zitrone, 100g Rosinen, Mehl zum Bestäuben, 10g Butter. 1l Öl oder 750g Kokosfett zum Frittieren, Puderzucker zum Wenden*

Mehl in eine Schüssel geben, eine Mulde hineindrücken und Hefe mit etwas Zucker und lauwarmer Milch zum Vorteig verrühren. 20 Minuten an einem warmen Ort gehen lassen. Dann die restliche Milch, Zucker, Margarine, Eier, Salz und Zitronenschale dazugeben und verkneten. Rosinen mit heißem Wasser waschen und unterkneten. Mit einem Esslöffel Teig abstechen und zu kleinen Klößen (Nudeln) formen. Auf eine bemehlte Unterlage legen, zudecken und nochmal 30 Minuten gehen lassen. Vor dem Ausbacken kreuzweise einschneiden. Öl oder Kokosfett in der Fritteuse auf 160 °C erhitzen. Je 4 Nudeln auf einmal in 10 Minuten ausbacken, mit einer Schaumkelle herausnehmen. Auf Haushaltspapier abtropfen und in Puderzucker wenden.

***Vorsicht:* Nur Erwachsene dürfen die Kirchweih-Nudeln ausbacken.**

Erntefeste

Einblicke

Schon im Mittelalter gab es zum Ende der Erntezeit in der dörflichen Arbeitswelt Erntefeste. Die letzten Erntewagen wurden geschmückt und die letzten Garben zu einem Kranz oder einer Krone gebunden. Die reichen Gutsherren richteten für alle Knechte und Mägde ein Erntefest aus mit Tanz, Gesang, Trinken und festlichem Essen.
Mit zunehmender Industrialisierung und Mechanisierung der Landwirtschaft geriet das Erntebrauchtum weitgehend in Vergessenheit. Viele der alten, ursprünglichen Erntebräuche existieren heute nicht mehr. In manchen ländlichen Gegenden finden noch Erntedankumzüge mit geschmückten Erntewagen statt, oder es werden Volksfeste gefeiert mit modernen Ernteelementen (z. B. Strohballen als Riesenpuppe). Als überwiegend folkloristische Veranstaltung erhalten geblieben sind der Almabtrieb oder die Wahl der Weinkönigin.
Kirchliche Erntedankfeiern sind meist in den Gottesdienst am ersten Sonntag im Oktober integriert. Erntegaben schmücken dann den Altar oder werden während des Gottesdienstes zum Altar gebracht. Die Gemeinde dankt Gott für eine gute Ernte, und häufig werden anschließend die gesegneten Erntegaben verschenkt. An diesem Tag finden zudem in vielen Gemeinden auch Solidaritätsaktionen für arme und hungernde Menschen der ganzen Welt statt.

Tipps für die Kita

- Erntefeste bieten eine gute Gelegenheit für Erwachsene und Kinder innezuhalten, um über eigene Ernährungsgewohnheiten, Konsumhaltungen und Werte nachzudenken und um Dank zu sagen, in dem Bewusstsein, dass natürliche Nahrungsmittel und ihre Produktion nicht selbstverständlicher Besitz sind, sondern ein Guthaben, das nicht leichtsinnig verschwendet werden darf.
- Wie alle Feste werden auch Erntefeste von Spiel, Musik, Gesang und gutem Essen begleitet. Wenn die Zutaten selbst angebaut und selbst geerntet wurden, schmecken sie noch besser. Zahlreiche kindgerechte Aktionen lassen sich unter Einbeziehung der Eltern planen und durchführen, z. B. ein Erntefest auf dem Bauernhof oder in der Kita. Zwei Vorschläge:
- **Herbstfrüchtefest in der Kita Kunterbunt – Stationenspiel**
  Mit dem Beginn des Herbstes vollzieht sich ein Übergang von der warmen, trockenen zur kälteren, feuchten Witterung. Viele Aktivitäten werden nun von draußen nach drinnen verlagert.
  Als Rahmen für ein Erntefest bieten sich Spiele an, die an verschiedenen Stationen in den Räumen der Kita ausgeführt werden können, je nach Wetterlage drinnen oder draußen.
  An der Durchführung können Kinder ab 3 Jahren beteiligt sein, die gesamte Zeitdauer beträgt ca. 2 Stunden.
  Da die Vorbereitungsarbeiten für einzelne Spielstationen einige Zeit in Anspruch nehmen können, werden die älteren Kinder aktiv einbezogen.
  Die Spielteilnehmer führen an mehreren einzelnen Stationen Spielaufgaben durch. Dabei geht es um sinnliche Wahrnehmung (Sinnesspiele, S. 102 f.), praktisches Geschick (z. B. Herstellung von Nussrasseln (S. 108) oder Strohpuppen (S. 108), aber auch um Spaß und Freude.
  Das Fest endet mit Spielliedern und einem gemeinsam zubereiteten Essen, z. B. Apfel-Nuss-Pfannkuchen (S. 109) und Herbstpunsch (S. 109).
- **Erntefest bei Bauer Piepenbrink – Exkursion**
  Bauernhofbesuche finden zweckmäßigerweise immer als Elternaktion statt. Nach Absprache stellt der Landwirt sicher gerne einen Teil seines Feldes oder einer Streuobstwiese zum Sammeln, Buddeln, Ernten oder für das Herbstfeuer zur Verfügung.

- **Aktionsbeispiele:**
  Die Kinder erkunden ein herbstliches *Kornfeld*, sammeln und untersuchen Ährenreste und Getreidekörner mit der Lupe, zermahlen die Körner zwischen zwei flachen Steinen zu Mehl.
  Mit Eimern, Holzkisten, Körben, Grabegabel, Spaten und Rechen ausgerüstet, buddeln die Kinder auf dem abgeernteten *Kartoffelfeld* nach restlichen Kartoffeln. Sie vergleichen Farben und Formen, zählen und sortieren die Kartoffeln, untersuchen das Kartoffellaub.
  Auf einer *Streuobstwiese* sammeln die Kinder das Fallobst (Vorsicht, Bienen) und untersuchen es mit einer Lupe, beobachten vorhandene Käfer, Bienen und Würmer. sie probieren das Fallobst und vergleichen Geschmack und Konsistenz. Sie sammeln Obst, um es später zu Mus verarbeiten. Sie fühlen und beschreiben Obstbaumblätter, Baumrinden und finden mit geschlossenen Augen den vorher gefühlten Baumstamm wieder. Spielerisch begleitet werden diese Ausflüge und praktischen Aktivitäten mit passenden Rätseln, Versen, Spielen und Spielliedern.
  Als Höhepunkt und Abschluss einer Aktion wird mit Unterstützung der Eltern ein Herbstfeuer aufgeschichtet und angezündet (Voraussetzung ist das Einverständnis des Landbesitzers), um darin Maiskolben, Kartoffeln oder/und Stockbrot zu garen.
  Zurück in der Kita können die Kinder in der folgenden Herbstzeit durch Sachbilderbücher, Spiele und Lieder sowie Koch- und Backaktionen Erlebnisse und Erfahrungen vertiefen.

Spiel-Platz

Wie fühlt sich das an? Partner-Sinnesspiel, ab 4 Jahren

Auf dem Tisch unter einem Tuch befinden sich ganze Herbstfrüchte, z. B. Birnen, Pflaumen, Äpfel, Weintrauben, Nüsse. Ein Spieler greift unter das Tuch, tastet nach einer Frucht, erzählt, wie sie sich anfühlt, erinnert sich und berichtet, wie sie schmeckt, vergleicht die Eigenschaften und nennt den Namen.

Was fehlt? Partner-Sinnesspiel, ab 4 Jahren

Auf dem Tisch liegen z. B. ein kleiner Kohlkopf, Maiskolben, Kartoffeln, Apfel, Birne. Ein Kind schaut sich die Produkte genau an. Dann schließt es die Augen und ein anderes Kind nimmt ein Teil weg. Das Kind öffnet wieder die Augen und benennt das fehlende Teil, beschreibt das Aussehen und die Eigenschaften. Das nächste Kind löst die Aufgabe.

Rätselreim

Wer ist so klug, wer ist so schlau,
dem schüttel ich was vom Bäumchen.
Ist innen gelb und außen blau,
hat mittendrin ein Steinchen.
(Pflaume)

Abzählvers

Äpfel, Birnen und Spinat,
Maiskolben und Kopfsalat,
schau, wer an der Reihe ist,
sag mir jetzt, wie alt du bist.

Wie schmeckt das? Partner-Sinnesspiel, ab 4 Jahren

Unter einem Tuch liegen in mundgerechte Stücke zerteilt auf einem Teller z. B. Birnen, Pflaumen, Äpfel, Weintrauben, Nüsse. Ein Kind schließt die Augen, ein anderes Kind wählt ein Obststück, das Kind probiert und beschreibt Geschmack, Aroma, Aussehen und nennt den Namen des Nahrungsmittels. Das nächste Kind ist dran.

Was riecht so? Partner-Sinnesspiel, ab 4 Jahren

Ein Kind riecht an einem aromatischen Gewürzkraut, z. B. Pfefferminzblätter, Schnittlauch, Dill, Liebstöckel, Petersilie, Zitronenmelisse, nennt den Namen und prägt sich den Duft ein. Das Kind schließt die Augen, riecht wieder an dem Produkt, erinnert sich, beschreibt den Duft und nennt den Namen.

Wie hört sich das an? Sinnesspiel, ab 4 Jahren

Die Kinder schauen sich die Nüsse, die auf dem Tisch liegen, an, z. B. Haselnüsse, Walnüsse, Bucheckern, Esskastanien, sie nennen die Namen. Nacheinander entfernen sie die Schalen und beschreiben das dabei entstehende Geräusch. Das erste Kind schließt die Augen, ein zweites Kind schält eine Frucht und das erste Kind erkennt das Geräusch und nennt den Namen der Frucht.

Tipp:
Schalen und Kerne in getrennten Behältern sammeln zur späteren Verwendung in der Kreativ-Werkstatt und in der Ess-Ecke.

Der Bäckersmann Fingerspiel, ab 3 Jahren

Kommt ein Bäckersmann daher,
kommt zum Apfelbaum.
Zeige- und Mittelfinger der linken Hand wandern über den Tisch.

Schaut hinauf und freut sich sehr,
Äpfel wie im Traum.
Den rechten Unterarm als Baum aufstellen,

Und er schüttelt rapp, zapp, zapp,
fallen alle Äpfel ab.
Arm schütteln, mit den Fingern auf den Tisch klopfen, eine Hand bildet den Sack

Hebt sie auf in seinen Sack,
trägt nach Haus ihn huckepack.
und die andere tut etwas hinein, „Huckepack-Tragen“,

Backt nen großen Apfelkuchen.
pantomimisch „Kuchen ausrollen“,

„Kinder, kommt ihn schnell
versuchen!“
Lockbewegung.

(Text: Autorinnen)

Spannenlanger Hansel Liedspiel, ab 3 Jahren

Text und Melodie überliefert

2. „Lauf doch nicht so eilig, spannenlanger Hans!
Ich verlier die Birnen und die Schuh noch ganz."
„Trägst ja nur die kleinen, nudeldicke Dirn,
und ich schlepp den schweren Sack mit den
großen Birn'n."

Jeder sucht sich einen Partner, alle stellen sich dann im Kreis auf und fassen sich an den Händen. Bei *„Schüttel ich die großen"* sucht sich jeder einen neuen Partner, beide fassen sich an den Händen und tanzen umeinander. Dann beginnt das Spiel wieder von vorne.

Rätselreim

Was über der Erde soll wertlos sein,
was unter der Erde, das schmeckt fein.
Man isst mich fast täglich zur Suppe,
zum Braten,
und wie man mich nennt,
das sollst du raten.
(Kartoffel)

Rätselreim

Wir essen es täglich,
es schmeckt uns fein,
mit Butter und Honig,
auch trocken kann's sein.
(Brot)

Ein Männlein steht im Walde   Liedspiel, ab 4 Jahren

Text: August Heinrich Hoffmann von Fallersleben, Melodie: volkstümlich

2. Das Männlein steht im Walde
   auf einem Bein
   und hat auf seinem Haupte
   schwarz Käppelein .
   Sag wer mag das Männlein sein,
   das da steht im Wald allein,
   mit dem kleinen, schwarzen Käppelein?
   (*Hagebutte*)

Alle Kinder fassen sich bei den Händen und bilden einen Kreis mit gehobenen Armen. Ein Kind (Männlein) steht in der Kreismitte (mit schwarzer Kappe und rotem Umhang) und führt die benannten Bewegungen pantomimisch aus. Bei der Textstelle *„Sag, wer mag ...“* schauen die Kinder den rechten und linken Nachbarn fragend an und zucken ratlos die Schultern. Das Männlein zählt laut 1, 2, 3 und zeigt auf ein Kind. Nennt das Kind den Namen *Hagebutte,* darf es sich verkleiden und selbst das Männlein darstellen.

Rätselreim

Im Häuschen mit fünf Stübchen,
da wohnen braune Kernchen,
nicht Tür noch Tor führt ein und aus.
Wer sie besucht, verzehrt das Haus.
(Apfel)

Die Riesenpflaume Bewegungsspiel, ab 3 Jahren

Da oben auf dem Baume, eins, zwei, drei,
da wächst ne Riesenpflaume, eins zwei, drei.
Da unten auf der Wiese, eins, zwei, drei,
da wartet Tante Liese eins, zwei, drei.

Plötzlich fällt die Pflaume, eins, zwei, drei,
herunter von dem Baume, eins, zwei, drei.
Plumpst neben Tante Liese, eins, zwei, drei,
die liegt jetzt auf der Wiese, oh wei, oh wei, oh wei.

Passend zum Text zeigen die gestreckten Arme rhythmisch nach oben oder unten, mit drei Fingern zählen, zum Abschluss lassen sich alle auf den Boden fallen.

Herbstpicknick Darstellendes Spiel, ab 5 Jahren

Was gibt's zum Herbstfest übermorgen?
Genug, mach dir keine Sorgen.
Äpfel, Birnen wunderbar,
auch Pflaumen und Tomaten,
Kürbis, Trauben – delikat,
darauf wir alle warten.
Kohlrabi und die Haselnuss
sind auch nicht zu verachten,
die knacken wir mit viel Genuss,
auch Möhren machen munter.
Für den Durst gibt's Punsch und Tee.
Doch etwas fehlt, was kann es sein?
Gebackene Ameisen – oh nein,
die Schokolade – schade!
(Text: Autorinnen)

Den Reim gestisch-mimisch unterstützen und mit verteilten Rollen sprechen, z. B. zur Vorbereitung eines echten Picknicks.

Kreativ-Werkstatt

Kerne-Mandala ab 4 Jahren

Material: *Getreidekörner, Kerne von Sonnenblumen, Äpfeln, Melonen, Mehlkleister, Bierdeckel (oder ähnliche stabile Unterlage).*

Die Kinder entwerfen ein Muster/Ornament, skizzieren es auf den Bierdeckel, bestreichen es abschnittweise mit Mehlkleister und kleben die Körner/Kerne in die Vorlage. Werden die einzelnen Mandalas zusammengesetzt, entsteht ein großes Tastbild.

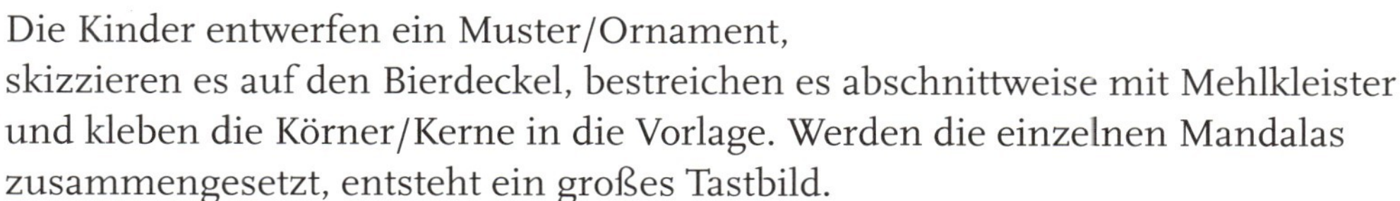

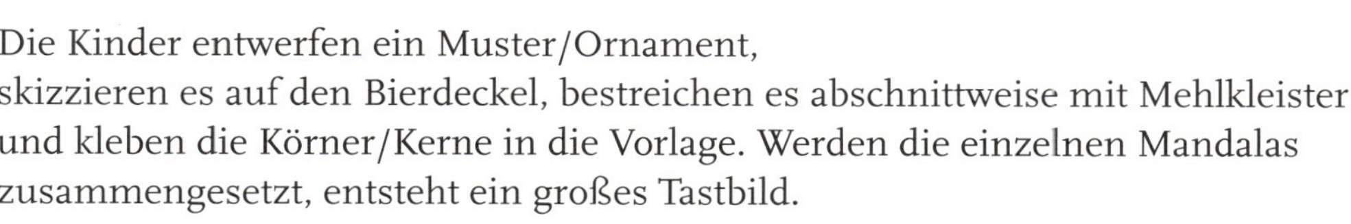

Rezept für Mehlkleister

1 Tasse Mehl und 1 Tasse Wasser verrühren. 2 Tassen Wasser dazugeben und alles klumpenfrei vermischen. In einen Topf geben und unter ständigem Rühren zum Kochen bringen. Völlig abkühlen lassen. Im Kühlschrank mit Frischhaltefolie zugedeckt aufbewahren. Der Kleister hält sich mehrere Tage lang.

Kürbiskernketten ab 5 Jahren

Material: *Kürbiskerne*

Getrocknete Kerne evtl. anmalen und mit Hilfe einer Nadel auf einen Zwirnsfaden fädeln, die Enden miteinander verknoten.

Strohpuppe ab 5 Jahren

Material: *Stroh ca. 45 cm lang, Stroh ca. 20 cm lang, Bindfaden, Holzstab ca. 30 cm*

Die langen Strohhalme mittig über die Mitte der kurzen Halme knicken und eine kleine Schlaufe (Kopf) stehenlassen. Unterhalb der Kreuzform den Bindfaden kreuzweise fest wickeln und verknoten (sinnvoll ist hier Partnerarbeit). Zum Schluss den Stab in den Kopf schieben und die Strohpuppe nach Belieben mit anderen Materialien weiter ausgestalten.

Tipp
Traditionell wird nach der Getreideernte aus dem letzten Bündel eine Erntepuppe hergestellt, die den Pflanzen im nächsten Jahr neue Kraft zum Wachsen geben sollen. Die Erntepuppen werden auf Feldern, aber auch in Gärten aufgestellt.

Nussrassel ab 3 Jahren

Einen kleinen Stoff- oder Plastikbeutel mit Nussschalenresten füllen und oben zubinden – fertig ist die Nussrassel.

Nusskastagnetten ab 5 Jahren

An zwei Walnussschalenhälften wird je ein Ring aus Stoffstreifen angeklebt, durch die Daumen und Zeigefinger hindurchgesteckt werden können.

Nussklapper ab 5 Jahren

Einen Kartonstreifen 20 x 4 cm knicken und vorne zwei Walnussschalenhälften aufkleben. Die Nussklapper wird am Kartonstreifenknick gegriffen und schnell hin und her bewegt, so dass beide Nussschalen aneinanderschlagen und ein Klappergeräusch entsteht.

Nussroller ab 5 Jahren

In eine Walnusshälfte kleine Körner, z. B. Reis, einfüllen. Die zweite Nusshälfte drauflegen und mit Klebeband befestigen.

Ess-Ecke

Herbstpunsch ab 5 Jahren

Zutaten: *½ l Wasser, 2 Beutel Hagebuttentee, ½ l Apfelsaft, 1 Apfel, 2 Nelken, 1 Zimtstange, 4 Sternanis*

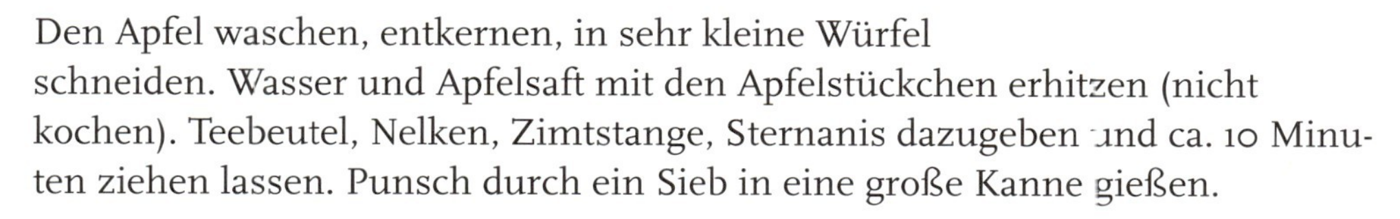

Den Apfel waschen, entkernen, in sehr kleine Würfel schneiden. Wasser und Apfelsaft mit den Apfelstückchen erhitzen (nicht kochen). Teebeutel, Nelken, Zimtstange, Sternanis dazugeben und ca. 10 Minuten ziehen lassen. Punsch durch ein Sieb in eine große Kanne gießen.

Apfel-Nuss-Pfannküchlein ab 5 Jahren

Zutaten: *400 g Vollkornmehl, 100 g Zucker, 6 Eier, 1 TL Backpulver, 1 Prise Salz, 5 EL Milch, 3 mittelgroße Äpfel (auch Fallobst), 100 g gehackte Hasel- oder Walnüsse, Öl zum Ausbacken, Zimtzucker (100 g Zucker mit 1 TL Zimt mischen)*

Eier und Zucker, Prise Salz schaumig rühren, das Mehl mit dem Backpulver dazusieben und zu einem Rührteig gut verrühren. Bei Bedarf Milch dazugeben, sodass ein dickflüssiger Teig entsteht. Den Teig ca. 30 Minuten quellen lassen. Die Äpfel waschen, bei Bedarf schälen, das Kerngehäuse entfernen und in Stückchen schneiden. Die Apfelstücken und die gehackten Nüsse unter den Teig heben. Öl in einer Pfanne erhitzen, mit einer kleinen Schöpfkelle 4–5 Teigportionen nacheinander in die Pfanne geben, die Küchlein von beiden Seiten goldgelb ausbacken. Die fertigen Apfelpfannküchlein auf Teller geben und mit Zimtzucker bestreuen.

Gebackene Maiskolben ab 5 Jahren

Zutaten: *Maiskolben, Kräuterbutter, Aluschale*

Frische Maiskolben ca. 5–10 Minuten in kochendes Wasser legen, abtropfen lassen und in eine Aluschale legen. Kräuterbutterflöckchen auf die Kolben setzen und die Schale ca. 20–30 Minuten auf den Grill oder die Glut des Herbstfeuers stellen. Die Maiskolben regelmäßig wenden, bis sie braun werden.

Haselnussbonbons ab 4 Jahren

Zutaten: *750 ml Sahne, 500 g Zucker, 300 g gemahlene Haselnüsse*

Ein Backblech mit Butter einfetten. Sahne und Zucker in einem hohen Topf ca. 15–25 Minuten kochen lassen, bis die Masse anfängt, dick zu werden. Die Haselnüsse unterrühren und etwa. 5 Minuten weiterkochen, bis der Nussbrei eine „trockene" Beschaffenheit hat. Nun die Masse auf das vorbereitete Backblech geben und gleichmäßig verstreichen. Sofort in kleine Rechtecke schneiden und gut auskühlen lassen.

Handwärmer ab 5 Jahren

Zutaten: *Maronen oder Esskastanien*

Die Schale kreuzweise einschneiden, 20 Minuten in Wasser kochen, oder die eingeschnittenen Früchte auf ein Backblech legen und bei 275 °C in den Backofen geben bis die Schale platzt, oder die Früchte in einer gusseisernen Pfanne rösten. Im Anschluss an das Rösten kurz abkühlen lassen und noch heiß die Marone aus der Schale brechen und den braunen Flaum abziehen

Maronenfrischetest

Die Marone in lauwarmes Wasser legen. Sinkt sie, ist sie gut, schwimmt sie oben, ist sie nicht mehr zum Verzehr geeignet.

Die Feuerstelle

Bei der Anlage einer Feuerstelle darauf achten, das diese weit genug von Häusern, Sträuchern und Bäumen entfernt ist. Soll sie im Wald, öffentlichen Parks oder Grünanlagen eingerichtet werden, muss immer die Erlaubnis der Stadtverwaltung/des Försters vorliegen. Zur sicheren Befestigung Steine kreisförmig aufreihen. In die Mitte ein kleines Loch graben und evtl. eine Blechschale einsetzen. Das Brennholz mit kleinen Ästen, trockenen Blättern, Stroh und Papier aufschichten. Wenn das Feuer heruntergebrannt ist, die Kartoffeln, Stockbrot o. Ä. in oder über der Glut garen.

Wichtig: *Es sollte immer ein Eimer mit Wasser in greifbarer Nähe der Feuerstelle stehen.*

Stockbrot ab 5 Jahren

Zutaten: *500 g Vollkornmehl, 500 g Quark, 1 Päckchen Backpulver, 2 Eier, 1 EL Salz, pro Brötchen 1 Astzweig (ca. 50 cm lang, stabil und gereinigt)*

Nacheinander Quark, Eier und Salz verrühren, das Mehl mit Backpulver mischen und löffelweise unter die Quarkmasse mischen, bis ein Knetteig entstanden ist. So viel Mehl unterkneten, bis der Teig nicht mehr klebt.
Brötchen formen und dieses um einen Ast kneten, dann ca. 20 Minuten über der offenen Glut eines Lagerfeuers gleichmäßig drehen.

Varianten:
- Den Teig am Stock mit Alufolie umwickeln und ca. 20 Minuten in die Glut legen.
- Die geformten Brötchen auf ein Blech mit Backpapier legen und ca. 20–25 Minuten im Backofen, mittlere Schiene, bei 200 °C hellbraun backen.

Feuerkartoffeln oder Folienkartoffeln ab 5 Jahren

Zutaten: *1 mittelgroße Kartoffel pro Person, Alufolie*

Die Kartoffeln gründlich abwaschen und abbürsten. Mit einem Stück Alufolie ganz umwickeln. Die eingepackte Kartoffel etwa 20–30 Minuten in der Glut des Lagerfeuers garen.

Variante: Die Folienkartoffeln im Backofen auf dem Backrost bei 200 °C ca. 30 Minuten backen.

Die Kartoffeln mit Kräuterbutter verspeisen.

Kräuterbutter ab 5 Jahren

Zutaten: *2 Becher Sahne, je 1 Bund Petersilie, Dill, Schnittlauch, Liebstöckel, etwas Salz*

Die flüssige Sahne mit dem elektrischen Handrührgerät so lange rühren, bis sie schnittfest ist. Die Kräuter sorgfältig waschen, trocken tupfen und fein schneiden oder hacken und vorsichtig unter die Sahnebutter rühren. Mit Salz fein abschmecken.

Halloween

Einblicke

In den letzten Jahren entwickelte sich neben dem evangelischen Reformationsfest am 31. Oktober und dem katholischen Allerheiligen-Fest am 1. November ein neues, nichtchristliches Fest: Immer mehr Menschen feiern Halloween, meist als Grusel-Party.

Über den Ursprung von Halloween gibt es verschiedene Annahmen. Eine Deutung besagt, dass Halloween ein sehr altes Herbstfest der Kelten sei. In der Nacht zum 1. November sollten furchterregende Masken und viele Lichter böse Geister und Dämonen abschrecken. Zugleich sollten vor die Haustüre gelegte Nüsse und andere Herbstfrüchte die Dämonen besänftigen. Die frühe Kirche lehnte diesen Kult ab und führte im 9. Jahrhundert den 1. November als Fest „Allerheiligen" ein. Davon leitet sich vermutlich auch der Name Halloween ab („All Hallows' Eve" = Vorabend zu Allerheiligen).

Heute sind zu diesem Zeitpunkt an vielen Häusern ausgehöhlte und beleuchtete Kürbisse zu sehen. Manchmal ziehen Kinder von Haustür zu Haustür mit dem Ausruf: „Süßes oder Saures?" Sie erbetteln Süßigkeiten und spielen Streiche, wenn sie nichts bekommen. Vielerorts finden Partys statt, bei denen sich die Gäste als Hexen, böse Geister oder jedenfalls irgendwie „gruselig" verkleiden.

Der Kürbis – ein Alleskönner

Ursprünglich stammt der Kürbis aus Südamerika, wo ihn mexikanische Bauern bereits vor mehr als 9000 Jahren anbauten. Archäologen haben im Osten Afrikas Kürbiskerne aus dem Jahr 850 v. Chr. ausgegraben. Heute wächst der Kürbis überall auf der Welt. Der Name „Kürbis" stammt vom lateinischen „corbis" (Korb) ab. Schon die alten Römer haben ausgehöhlte, getrocknete Kürbisfrüchte als Gefäße genutzt.

Heute dient er in vielen Orten der Welt nicht nur als Nahrungsmittel, sondern kommt ausgehöhlt und getrocknet als Gefäß für den alltäglichen Gebrauch zum Einsatz, aber auch als Instrument oder wird zum Kunstwerk (geschnitzte Masken).

Tipps für die Kita

- Halloween ist mittlerweile als Brauchtumsfest in vielen Kindertageseinrichtungen anerkannt. Zielsetzung und methodische Umsetzung verlangen allerdings einen differenzierten Umgang mit kindlichen Angstgefühlen.
- Kinder zeigen ein großes Interesse an Halloween, vielen gefallen die spaßig-schaurigen Gruseleffekte. Sie können sich in der Rolle als Gespenst oder Geist oder einer anderen Gruselfigur endlich groß, stark und übermächtig fühlen.
  In der Kostümierung (ähnlich wie beim Karneval) trauen sie sich, ihre Gefühle zu zeigen. Sie erschrecken Erwachsene, spielen ihnen kleine Streiche, und können als starke und mutige Bestimmer auftreten.
- Bei dem Fest, aber auch bei den Vor- und Nachbereitungen, identifizieren sich Kinder mit den Grusel-Gestalten. So setzen sie sich mit Ängsten kreativ auseinander und bewältigen ihre Furcht aktiv-spielerisch.
- Da der Kürbis eine weltweit geschätzte, vielseitig verwertbare Frucht ist und an Halloween eine zentrale Rolle spielt, bietet es sich an, alternativ ein „Multikulturelles Kürbisfest" zu feiern. Bei der Planung und Ausrichtung solch eines Festes können alle in der Einrichtung vertretenen Kulturen einbezogen werden.
  Die Bräuche unterschiedlicher Kulturen rund um den Kürbis (Rezepte, Dekorationen, Spiele, Musik) ergeben dabei eine gute, erfolgversprechende Mischung für ein gelungenes Fest. Eigenes Brauchtum dient so als Brücke zum Brauchtum anderer Kulturen.

Spiel-Platz

Fünf Gespenster Fingerspiel, ab 3 Jahren

Fünf Gespenster hocken vor dem Fenster.
Das erste schreit: „Haaaaa, ich bin da!"
Das zweite heult: „Hooooo, weißt du denn wo?"
Das dritte brummt: „Huuuuu, schließ Tür und Fenster zu!"
Das vierte lacht: „Hiiiiiii, mich findest du nie!"
Das fünfte schwebt zu dir hinein.
Es flüstert: „Woll'n wir Freunde sein?"

Den Vers sprechen und dazu nacheinander, beginnend mit dem Daumen, die einzelnen Finger zeigen.

Verschwundene Gespensterchen
Eins, zwei, drei, vier, fünf, sechs, sieben,
wo sind die Gespensterchen geblieben?
Sind nicht hier, sind weggerannt,
sind wohl fort ins Gespensterland.

Zwei Fledermäuse Fingerspiel, ab 3 Jahren

Es hängen zwei Fledermäuse vergnügt unter dem Dach.
Die eine flog weg,
die andere flog weg.
Die eine kam wieder,
die andere kam wieder.
Da hängen sie alle beide wieder vergnügt unterm Dach.

Beide Zeigefinger greifen unter die Tischkante als Fledermäuse, fliegen weg und kommen wieder.

Halloween Flaschenpost Konzentrationsspiel, ab 3 Jahren

Material: *kleine leere Wasserflasche für jeden Mitspieler, kleine Halloween-Streuartikel (Plastikspinnen, Minigespenster etc.), Sand*

Für jeden Spieler eine kleine leere Wasserflasche mit Sand füllen, kleine Halloween-Streuartikel hinzufügen (mehrere pro Flasche). Jeder Teilnehmer versucht durch Schütteln herauszufinden, was im Sand in der Flasche versteckt ist.

Schlossgeisterschlüssel Bewegungsspiel, ab 3 Jahren

Alle Spieler sitzen im Stuhlkreis – und sind Schlossgespenster. Ein Kind ist das Obergespenst und steht mit einem Schlüsselbund in der Kreismitte. Es geht zu einem Kind, rasselt mit den Schlüsseln und begrüßt es mit dem Satz: „*Guten Tag, komm herein*". Danach gehen beide jeweils zu einem anderen Spieler und begrüßen diesen ebenfalls. Das wird so lange fortgeführt, bis alle Kinder im Kreis unterwegs sind und keiner mehr sitzt. Nun lässt das Obergespenst auf einmal den Schlüsselbund fallen. Blitzschnell müssen sich die Spieler auf einen Stuhl setzen. Das Gespenst, das zuletzt noch steht, ist das neue Obergespenst.

Zaubereintopf Sprachspiel, ab 5 Jahren

Alle Spieler setzen sich in einen Kreis. Alle möchten sich in Hexen verzaubern, das gelingt aber nur, wenn sie gemeinsam einen Zaubereintopf mit vielen verschiedenen Zutaten in einem Riesentopf zusammenbrauen. Die Spielleitung beginnt mit dem Satz:
„Ich möchte eine Hexe sein und werfe Spinnenkraut hinein."
Nun wiederholt der nächste Spieler die Zutat des Vorgängers und fügt dann seine neue hinzu, z. B. *„Ich möchte eine Hexe sein, werfe Spinnenkraut und Mäusezähne hinein."*
Wer etwas vergisst, muss leider ausscheiden.

Wir suchen heut das Schlossgespenst

Körperspiel, ab 4 Jahren

Wir suchen heut das Schlossgespenst, wir gehen heut aufs Schloss.	*Auf die Oberschenkel klopfen.* *Handflächen aneinander reiben.*
Wir gehen über eine Wiese, da raschelt das Gras, raschel, raschel.	
Wir schauen nach rechts, wir schauen nach links, Nein, nein, kein Schlossgespenst zu sehen.	*dazu sprechen und Hand über die Augen halten, nach rechts und links gucken, mit dem Kopf schütteln.*
Wir suchen heut das Schlossgespenst	*Wie oben*
Wir laufen durch den Wassergraben, plitsch platsch, plitsch platsch.	*An den Wangen zupfen, damit es knatschige Geräusche gibt.*
Wir schauen nach rechts ...	*Wie oben*
Wir suchen heut das Schlossgespenst ...	*Wie oben*
Wir gehen dann über die Holzbrücke.	*Auf den Brustkorb trommeln und dazu „uuu" summen*
Wir schauen nach rechts ...	*Wie oben*
Wir suchen heut das Schlossgespenst ...	*Wie oben*
Wir öffnen die Schlosskellertür, quietsch, quietsch.	*Mit dem Mund Quietschgeräusche produzieren.*
Wir schauen nach links ...	*Wie oben*
Wir suchen heut ...	*Wie oben*
Wir schleichen über die große Treppe zum Dachboden, tripp trapp, tripp trapp.	*Mit den Füßen stampfen.*
Wir schauen nach rechts ...	*Wie oben*
Und was schaut uns da an? Zwei große, leuchtende Augen!	*Mit Daumen und Zeigefinger Kreise bilden und über die Augen legen.*
Hu, hu, hu, Wir kriegen einen Schreck.	*Erschrocken tun,*
wir laufen schnell die Schlosstreppe herunter.	
Durch die Schlosskellertür, über die Schlossbrücke, durch den Wassergraben über die Schlosswiese. Geschafft!	*Geräusche jeweils wie oben, nur schneller!*

Wir waren heut beim Schlossgespenst, da oben auf dem Schloss.	*Mit einer Handfläche über die Stirn streifen.*
Und hat hier jemand Angst vor dem Schlossgespenst?	*Rhythmisch klatschen, eine Hand heben,*
Nein.	*alle rufen laut.*

Die Spielleitung spricht den Text und alle führen dazu die angegebenen Bewegungen aus

Kellerschatz Kreisspiel, ab 4 Jahren

Material: *1 weißes Bettuch*

Ein Kind sitzt als Gespenst unter einem weißen Betttuch in der Kreismitte. Die Kinder laufen im Kreis umher und singen zu einer Leiermelodie:

Wir wollen in den Keller geh'n,
um unsern Schatz zu holen,
doch das Gespenst darf es nicht seh'n,
sonst wird es einen holen.
Um eins kommt's nicht,
um zwei/drei/vier/fünf/sechs/sieben/acht/neun/zehn kommt's nicht,
um elf, da pocht es, um zwölf, da kommt es.

Bei *„um zwölf, da kommt es"* steht das Gespenst auf und versucht ein Kind zu fangen. Dieses Kind ist in der nächsten Spielrunde das Kellergespenst.

Gruselgeschichten Sprachspiel, ab 5 Jahren

Material: *pro Teilnehmer eine Taschenlampe*

Die Teilnehmer sitzen in einem abgedunkelten Raum. Ein paar Teelichter stehen in der Kreismitte. Die Spielleitung gibt den Anfang einer Geschichte vor, z. B. *„Als Timo einmal allein zu Hause war, passierte Folgendes ..."*
Die Teilnehmer sind nacheinander an der Reihe und erzählen die Geschichte weiter. Dabei beleuchtet immer der sprechende Teilnehmer sein Gesicht von unten mit der Taschenlampe.

Variante: Nur eine Taschenlampe verwenden, die von Sprecher zu Sprecher weitergereicht wird.

Halloweennacht Liedspiel, ab 5 Jahren

Text: Ingrid Biermann, Melodie: Jörg Schneider

2. Heut Nacht, da kann ein jeder sehn,
   Gespenster durch die Straßen gehn,
   sie kreischen, schreien, ja und dann
   fangen sie wild zu tanzen an.

Refrain: Ja, Halloween ...

3. Heut Nacht, ja, da schläft niemand ein,
   ein jeder will Gespenst jetzt sein.
   Ganz schwarz gekleidet und geschminkt,
   jedes Gespenst ein Lied dann singt.

Refrain: Ja, Halloween ...

4. Doch ist die wilde Nacht vorbei,
   dann hört man nicht mehr das Geschrei.
   Denn die Gespenster gehn nach Haus,
   für sie ist dieses Fest nun aus.

Refrain: Ja, Halloween ...

Dieses Lied kann mit klirrenden oder scheppernden Gegenständen begleitet werden.

Kreativ-Werkstatt

Irrlichter ab 6 Jahren

Material: *geradewandiges Glas, schwarze Tonpapierreste, Locher, Papierkleber, schwarzer Permanentstift, Teelicht*

Das Tonpapier in rechteckige Stücke reißen und jeweils mit dem Locher zwei Löcher (als Augen) stanzen. Die so vorbereiteten Stücke überlappend auf das Glas kleben. In die zwei Augen (Löcher) mit dem Permanentstift Pupillen malen. Das Teelicht hineinstellen.

Flattergespenst ab 4 Jahren

Material: *Holzstab oder glatter, gerader Ast, Länge ca. 25 cm; Watte; 1 dünnes weißes Tuch, ca. 40 x 40 cm; Bindfaden; schwarzer Filzstift*

In die Mitte des Tuches von innen nach außen ein Stück Bindfaden (ca. 15 cm) ziehen. Watte zu einer festen, tennisballgroßen Kugel formen und in die Mitte des Tuches legen. Das Tuch um die Kugel legen (bildet den Marionettenkopf) und mit einem weiteren Bindfaden (ca. 10 cm) abbinden, das Fadenende verknoten.
Zwei gegenüberliegende Ecken des Tuches mit je einem Faden (ca. 20 cm, sie bilden die Arme) abbinden. Diese Bindfadenenden jeweils an die Außenseite des Holzstabes knoten. Zum Schluss ebenso den mittleren Kopffaden an den Stab knoten.
Nun mit dem Filzstift ein Gesicht auf den Gespensterkopf zeichnen.
Mit dieser einfachen Marionette werden das Halloweenlied oder das Fingerspiel begleitet. Mit mehreren Marionetten und Spielern kann ein Rollenspiel eingeübt werden.

Lärmspielzeug ab 4 Jahren

Material: *Kürbiskerne oder kleine Kieselsteine, 2 Kondensmilchdosen (leer), orangefarbenes und schwarzes Klebeband (Isolierband)*

Die Öffnungen der Kondensmilchdosen evtl. etwas vergrößern, die Dosen ausspülen und gut austrocknen lassen, die Papierhüllen entfernen.
Kürbiskerne oder sehr kleine Kieselsteine in die Dosen füllen. Zuerst mit einem Klebebandstreifen die Dosenöffnungen fest verschließen und anschließend mit den Klebebändern dekorative Muster kleben.

Tanzende Gespensterchen ab 5 Jahren

Material: *Gespenster-Schablone (Höhe ca. 15–20 cm), weißes Zeichenpapier, Schere, schwarzer Filzstift, Nähnadel, Faden, 2 Knöpfe*

Mit der Schablone so viele Gespenster wie möglich, mindestens acht, auf Zeichenpapier übertragen und ausschneiden. Mit dem Filzstift Gesichter aufmalen. Anschließend die Gespenster an den Händen zu einer Kette zusammenkleben und an den „Handgelenken" knicken, so, dass die Gespenster übereinander liegen. An jeder Armseite mit Hilfe der Nähnadel einen langen Faden durch die Arme ziehen und an jeder Seite das Fadenende an einen Knopf knoten. Die Girlande vorsichtig auseinanderziehen und an den Knöpfen aufhängen.

Kreuzspinnen ab 5 Jahren

Material: *Papprollen (z. B. von Toilettenpapier), schwarze Fingerfarbe, schwarze und weiße Tonpapierreste, Nadel und Faden, evtl. Wackelaugen*

Die Papprolle mit der Schere halbieren (ca. 5 cm), mit schwarzer Fingerfarbe anmalen und trocknen lassen. Während die Farbe trocknet, aus dem schwarzen Tonpapier acht Streifen schneiden, ca. 1 cm breit x 20 cm lang. Jeweils 4 Streifen in die Innenseite jeder Rolle kleben. Aus dem weißen Tonpapier Augen ausschneiden und auf den Spinnenkörper kleben (oder Wackelaugen aufkleben). Auf den Spinnenrücken ein weißes Kreuz kleben und die Beine mit der Schere vorsichtig nach unten wellen.

Windkürbis ab 5 Jahren

Material: *orangefarbener Fotokarton (ca. 20 cm x 60 cm), schwarze Tonpapierreste, schwarzer Müllsack, Nadel, Zwirn, Heftklammern, Klebstoff*

Den orangefarbenen Kartonstreifen zu einem Kranz zusammenheften. Aus den Tonpapierresten Augen und Mund für zwei Gesichter schneiden. Die Gesichter jeweils auf die vordere und hintere Seite des Kranzes kleben.
Den schwarzen Müllsack in ca. 3 cm breite Streifen schneiden und die Streifen in den Kranz kleben oder heften.
Abschließend in die oberen Seite das Kranzes in gleichem Abstand vier Löcher stechen, zwei Zwirnfäden durchziehen und die Enden verknoten. Den Windkürbis an einer zugigen Stelle im Raum aufhängen.

Gespensterchen ab 6 Jahren

Material: *weiße (Mohair-) Wolle, zwei schwarze Tonpapierkreise (als Augen), rote Wolle (als Mund)*

Die weiße Wolle locker, aber ganz dicht um die Mittelhand wickeln. Dann vorsichtig die Hand aus der gewickelten Wolle herausziehen. Ein Stück Faden durch die Fadenschlaufe führen und verknoten. Anschließend etwa 2 cm unter der Schlaufe die Wollfäden ebenfalls mit einen Faden abbinden. Die unteren Fadenschlaufen aufschneiden. Ein Gespenstergesicht aufkleben (schwarze Papieraugen, roter Faden alsMund).

Ess-Ecke

Gespenstersaft ab 3 Jahren

Zutaten: *ca. ½ l roter Fruchtsaft, 4 EL TK rote Beeren, 1 l kohlensäurehaltiges Mineralwasser*

In jedes Fach der Eiswürfelschale 1–2 rote Beeren geben und die Fächer mit rotem Fruchtsaft auffüllen. Die Schale etwa 4–5 Stunden in das Tiefkühlfach des Kühlschranks geben. Später die fertigen roten Eiswürfel sorgfältig auslösen und in ein Trinkglas geben, mit Mineralwasser auffüllen.

Grüner Sprudel ab 3 Jahren

Zutaten: *½ l Orangensaft, 1 Flasche Mineralwasser mit Kohlensäure, Waldmeistersirup, evtl. kleine Melonenstücke*

Orangensaft und Mineralwasser mischen und zur Farbgebung etwas Waldmeistersirup zufügen, die Melonenstücke zugeben, umrühren.

Blutrotertee ab 5 Jahren

Zutaten: *pro Portion 1 Beutel Brombeertee, Honig oder Zucker zum Süßen*

Die Teebeutel in eine Glaskanne geben, mit kochendem Wasser aufgießen und ca. 10 Minuten zugedeckt ziehen lassen. Den Tee je nach Geschmack süßen.

Kürbissuppe ab 4 Jahren

Zutaten: *1 kg Kürbisfleisch, 2 EL Butter, 1 l Gemüsebrühe, 1 Becher saure Sahne, Zitrone, Salz, Pfeffer, geröstete Brotwürfel*

Kürbis würfeln, in den Topf geben und mit der Butter 10–15 Minuten dünsten.
Die Gemüsebrühe hinzugeben und kurz aufkochen.
Die Suppe mit dem elektrischen Pürierstab pürieren, die Sahne einrühren und mit Zitronensaft, Salz, Pfeffer würzen.
Kurz vor dem Servieren die gerösteten Brotwürfel (oder Kürbiskernkracher, s. rechts) auf die Suppe geben.

Kürbiskernkracher ab 4 Jahren

Zutaten: *Kürbiskerne, Olivenöl, etwas Salz*

Kürbiskerne (von der Kürbissuppe) in einem Sieb unter fließendem Wasser gründlich abwaschen, abtropfen lassen und anschließend auf Küchenkrepp ausbreiten und trocken tupfen. Das Backblech mit Backpapier auslegen, die Kerne darauf verteilen, mit etwas Olivenöl beträufeln und mit einer Prise Salz bestreuen. Im vorgeheizten Backofen bei ca. 175 °C etwa 15 Minuten rösten.
Nach dem Abkühlen mit oder ohne Schale verzehren oder auf der Kürbissuppe verteilen.

Kürbismuffins ab 4 Jahren

Zutaten: *125g Butter, 125g Zucker, 1 Päckchen Vanillinzucker, 2 Eier, 175g Mehl, 1 Msp Backpulver, Kürbisfruchtfleisch, 16 Mini-Backformen aus Papier, Puderzucker zum Bestäuben*

Die Zutaten mit dem elektrischen Handrührgerät zu einem glatten Teig verrühren. In jede Mini-Backform 1–2 Esslöffel Teig geben und darauf eine Kürbisscheibe legen.
Auf der mittleren Schiene bei 180 °C ungefähr 20–25 Minuten backen.
Nach dem Erkalten mit Puderzucker bestäuben.

Würmer in Gelee ab 4 Jahren

Zutaten: *2 Päckchen Wackelpudding (Waldmeister- oder Kirschgeschmack), 1 Tüte Weingummiwürmer*

Zwei Pakete Wackelpudding nach Verpackungsangaben zubereiten. Bevor der Pudding vollständig eingedickt ist, die Weingummiwürmer in die Masse geben.

Wurstfinger ab 3 Jahren

Zutaten: *1 Flasche Ketchup, 1 Glas Cocktailwürstchen*

Ketchup in eine flache Schüssel mit füllen und die kleine Würstchen darin versenken. Die Würstchen mit den Fingern nehmen und verspeisen.

Nikolaus

Einblicke

Im vierten Jahrhundert war Nikolaus der Bischof von Myra, das an der türkischen Mittelmeerküste liegt und heute Demre heißt. Er stammte aus einer reichen Familie, kümmerte sich jedoch um kranke und notleidende Menschen. Sein Gedenktag ist der 6. Dezember.
In Deutschland wird der Nikolaustag etwa seit dem 11. Jahrhundert gefeiert. Über das Leben des Heiligen existieren wenige historisch gesicherte Zeugnisse, aber viele Legenden. Er gilt als Schutzheiliger der Kinder, Brautleute und Seefahrer. Von der orthodoxen Kirche in Südosteuropa wird er besonderes verehrt.
In vielen Ländern stellen die Kinder am Abend vor dem Nikolaustag ihre Schuhe vor die Tür, in der Hoffnung, dass diese am nächsten Morgen mit Süßigkeiten gefüllt sind. In einigen Ländern tritt der heilige Nikolaus im Gewand eines Bischofs auf, und in anderen Gebieten als Weihnachtsmann, in einer eher dicklich-gemütlichen Gestalt mit weißem Bart im roten, pelzbesetzten Mantel.
Im Gegensatz zu früheren Zeiten steht heute allerdings nicht mehr das Bestrafende, sondern das Gütige im Vordergrund. Deshalb tritt neben dem Nikolaus nur noch gelegentlich Knecht Ruprecht oder der Krampus auf.
Die Kinder tragen Lieder, Gedichte oder Gebete vor, ehe sie vom Nikolaus mit Geschenken (Süßigkeiten, Nüssen, Äpfeln) belohnt werden.

Nikolaus-Legende

Warum bringt der Nikolaus eigentlich Geschenke? Dieser Brauch basiert auf folgender Geschichte: Ein Vater hatte drei hübsche Töchter. Er konnte sie nicht verheiraten, da er arm war und ihnen keine Brautausstattung mitgeben konnte. Als Nikolaus davon hörte, warf er eines Nachts drei Goldstücke durch den Kamin, und die drei Töchter konnten heiraten.

Tipps für die Kita

- Für die meisten Kinder hat dieser Tag eine besondere Bedeutung: einerseits sind sie gespannt, voller Erwartung, manchmal aber auch ängstlich. Letzteres liegt daran, dass viele Erwachsene noch immer mit dem Auftritt des Nikolaus drohen, um angepasstes Verhalten zu erzielen. Solch fragwürdiges Erziehungsverhalten bringt sicher keinen Erfolg.
- Der Nikolaustag kann auf unterschiedliche Weise gefeiert werden, wichtig ist, seinen ursprünglichen Sinn zu erhalten, nämlich anderen eine Freude zu bereiten.
- Ob bei dem Fest der Nikolaus als personifizierte Gestalt auftritt, ist dabei eher zweitrangig, den Kindern sollte allerdings die Vorstellung der Nikolausgestalt erhalten bleiben. Bei jüngeren Kindern könnten zudem Angstzustände erzeugt werden, wenn eine vertraute Person sich vor ihnen als Nikolaus verkleidet.
- Eine Alternative zur traditionellen Nikolausfeier kann mit den älteren Kindern besprochen und entwickelt werden, wobei sie sich gerne kreativ einbringen.
- Zum Ereignis begleitend können Kinder ihre Gefühle bei thematischen Bewegungs- und Rollenspielen äußern, aber auch bei kreativ-gestalterischen und hauswirtschaftlichen Aktivitäten.

Spiel-Platz

Niklaus komm in unser Haus Lied, ab 3 Jahren

Text und Melodie überliefert

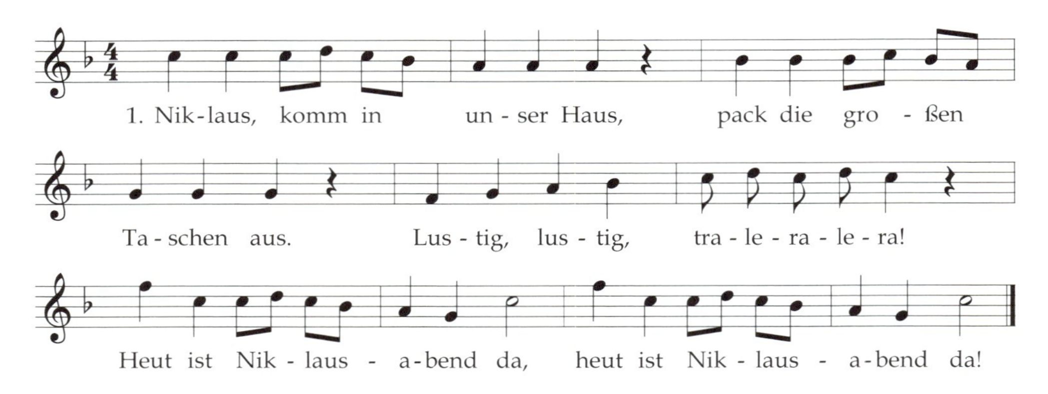

2. Stell das Pferdchen unter den Tisch,
   dass es Heu und Hafer frisst.
   Refrain: Lustig ...

3. Heu und Hafer frißt es nicht,
   Zuckerplätzchen kriegt es nicht.
   Refrain: Lustig ...

Das Lied singen und zum Refrain in die Hände klatschen.

Nikolaustag Bewegungsspiel, ab 3 Jahren

Der Nikolaus geht um das Haus,	*Mit den Füßen stampfen,*
er will dich heut besuchen.	*mit dem Finger auf den Nachbarn zeigen,*
Er kommt von weit her,	*mit den Händen ein Fernrohr bilden, durchschauen,*
sein Sack ist so schwer,	*Rücken krümmen, imaginären Sack tragen,*
von Nüssen und von Pfefferkuchen.	*mit der Hand den Bauch reiben.*

Die Kinder sitzen im Kreis, sprechen den Vers und führen die genannten Bewegungen aus.

Nikolaus backt Walnusskuchen Bewegungsspiel, ab 3 Jahren

Kommt der Nikolaus daher,
kommt zum Walnussbaum.
Zeige- und Mittelfinger der linken Hand wandern über den Tisch, rechten Unterarm als Baum aufstellen.

Schaut hinauf und freut sich sehr,
Nüsse wie im Traum.

Und er schüttelt, rapp, zapp, zapp,
fallen alle Nüsse ab.
Arm schütteln, mit den Fingern auf den Tisch klopfen,

Hebt sie auf in seinen Sack,
trägt nach Haus ihn huckepack.
Faust als Sack ballen, die andere Hand tut etwas hinein, Rücken krümmen, imaginären Sack tragen.

Backt einen leck'ren Walnusskuchen.
Pantomimisch Kuchen ausrollen,

„Ihr Kinder könnt ihn gern versuchen!"
Lockbewegung mit der Hand.

Alle Kinder sitzen im Kreis, sprechen den Vers und führen die genannten Bewegungen aus.

Sterne für den Nikolaus Bewegungsspiel, ab 3 Jahren

Material: *Briefumschlag mit selbst angefertigten Papiersternen (rot, blau, gold, weiß)*

1. Kommt der Nikolaus auch zu mir,
   ich warte ungeduldig hier.
   Er geht erst in Haus eins,
   Haus zwei, Haus drei, Haus vier
   und kommt dann zu mir.

2. Wann ist der Nikolaus hier,
   ich wart' schon lange vor der Tür,
   Er klopft erst an die erste Tür,
   zweite Tür, dritte Tür, vierte Tür
   und dann ist er bei mir.

3. Der Nikolaus ist endlich da,
   ich freue mich, hurra!
   Er hat ein Päckchen für dich
   und ein Päckchen für mich.

4. Danke guter Nikolaus,
   wir packen schnell die Päckchen aus.
   Und dieses Päckchen hier,
   das schenken wir dir.

5. Lieber guter Nikolaus,
   schau dir diese Sterne an.
   Der Erste hier heißt Abendrot,
   der Himmelblau, der Sternengold
   und der vierte in weiß, ist vielleicht
   aus Eis.

Die Verse gestisch und mimisch begleiten. Zum Schluss einen Briefumschlag öffnen und Sterne verteilen.

Lasst uns froh und munter sein Lied, ab 3 Jahren

Text und Melodie überliefert

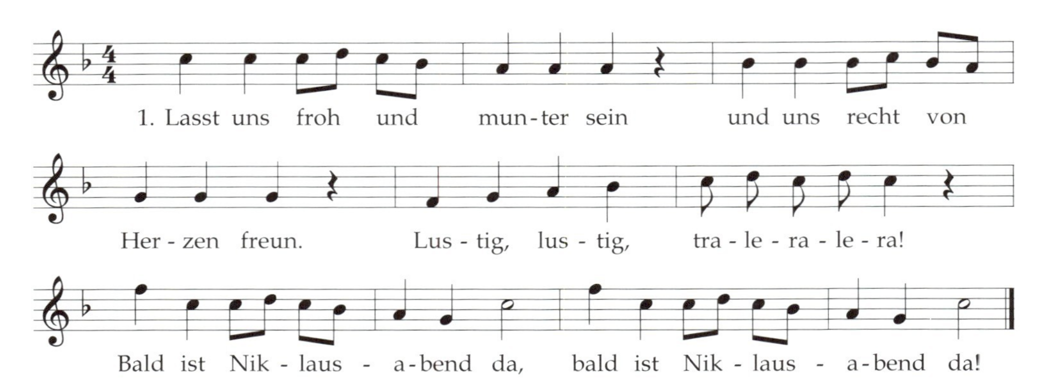

2. Dann stell ich den Teller auf,
   Nikolaus legt gewiss was drauf.
   Lustig, lustig, traleralera!
   Bald ist Niklausabend da,
   bald ist Niklausabend da!

3. Wenn ich schlaf, dann träume ich,
   jetzt bringt Nikolaus was für mich.
   Lustig, lustig, traleralera!
   Bald ist Niklausabend da,
   bald ist Niklausabend da!

4. Wenn ich aufgestanden bin,
   lauf ich schnell zum Teller hin.
   Lustig, lustig, traleralera!
   Heut' ist Niklausabend da,
   heut' ist Niklausabend da!

5. Nikolaus ist ein guter Mann,
   dem man nicht genug danken kann.
   Lustig, lustig, traleralera!
   Heut' ist Niklausabend da,
   heut' ist Niklausabend da!

Den Liedtext pantomimisch darstellen und zum Refrain in die Hände klatschen.

Knecht Ruprecht mit dem Esel Gedicht, ab 4 Jahren

Richard Dehmel

1. Der Esel, der Esel,
   wo kommt der Esel her?
   Von Wesel, von Wesel,
   er will ans schwarze Meer.

2. Wer hat denn, wer hat denn
   den Esel so bepackt?
   Knecht Ruprecht, Knecht Ruprecht
   mit seinem Klappersack.

3. Mit Nüssen, mit Äpfeln,
   mit Spielzeug allerlei
   und Keksen und Kuchen
   aus seiner Bäckerei.

4. Wo bäckt denn, wo bäckt denn
   Knecht Ruprecht seine Speis?
   In Island, in Island,
   drum ist sein Bart so weiß.

5. Die Rute, die Rute,
   die ist dabei verbrannt.
   Heut sind die Kinder artig –
   im ganzen Land.

6. Ach Ruprecht, ach Ruprecht,
   oh lieber Weihnachtsmann:
   Komm auch zu mir
   mit deinem Sack heran.

Zu dem Gedicht ein pantomimisches Rollenspiel überlegen und darstellen, z. B. reiten, Sack tragen, evtl. auch mit Verkleidung.

Abzählvers

1, 2, 3, 4, 5, 6, 7
wo ist Knecht Ruprecht bloß geblieben?
Ist nicht hier, ist fortgerannt,
ist wohl schnell ins Weihnachtsland.

Was trägt der Nikolaus in seinem Sack? Bewegungsspiel, ab 4 Jahren

Material: *Jutesack, ca. 5 verschiedene Gegenstände oder Früchte*

Alle: Der Nikolaus, der Nikolaus,
der geht bei uns von Haus zu Haus.
Wir seh'n ihn hier im Kreise geh'n,
halt Nikolaus, bleib steh'n, bleib steh'n.
Kind: Sag, hast du mir was mitgebracht?
Ach, das hätt' ich mir nicht gedacht.
Drum fass ich in den Sack hinein.
Alle: Sag an, was kann das sein, das sein?

Die Kinder sitzen im Kreis. Ein Kind geht als Nikolaus mit einem Sack im Kreis herum. In diesem Sack sind drei bis acht verschiedene Gegenstände. Bleibt der Nikolaus vor einem Kind stehen, fasst dieses in den Sack, tastet einen Gegenstand und benennt ihn. Ist er richtig erraten, wird er zur Seite gelegt. Dieses Kind wird in der nächsten Spielrunde der neue Nikolaus.

Der Nikolaussack kippt um Bewegungsspiel, ab 4 Jahren

Die Kinder sitzen im Kreis, ein Sitzplatz weniger als Mitspieler. Die Spielleitung gibt jedem Kind jeweils einen Begriff: Apfel, Nuss, Lebkuchen oder Schokolade. Nun kann das Spiel beginnen:
Die Spielleitung sagt: „Es tauschen jetzt die Plätze: alle Äpfel!" Daraufhin tauschen alle „Äpfel" die Plätze. Ebenso kommen Nüsse, Lebkuchen und Schokolade an die Reihe, auch Kombinationen (Nüsse und Lebkuchen) sind möglich. Bei dem Ruf: „Der Sack kippt um!" wechseln alle Spieler ihre Plätze und die Spielleitung versucht ebenfalls ein Sitzplatz zu bekommen. Wer übrigbleibt, übernimmt in der nächsten Runde die Spielleitung.

Wer ist das?

Er ist ein Freund der Kinder,
kommt immer nur im Winter,
trägt Schweres auf dem Rücken,
um sie zu beglücken.
(Nikolaus)

Wer ist das?

Am Abend in der Winterzeit
geh' ich von Haus zu Haus
und teile allen Kindern dann
die schönsten Sachen aus.
Ich habe einen schweren Sack
voll Plätzchen, süß und fein.
Ich klopfe laut an deine Tür
und komm zu dir hinein.
(Nikolaus)

Kreativ-Werkstatt

Tellernikolaus ab 3 Jahren

Material: *runder Pappteller, schwarze und rote Fingerfarbe, Watte, Kleister*

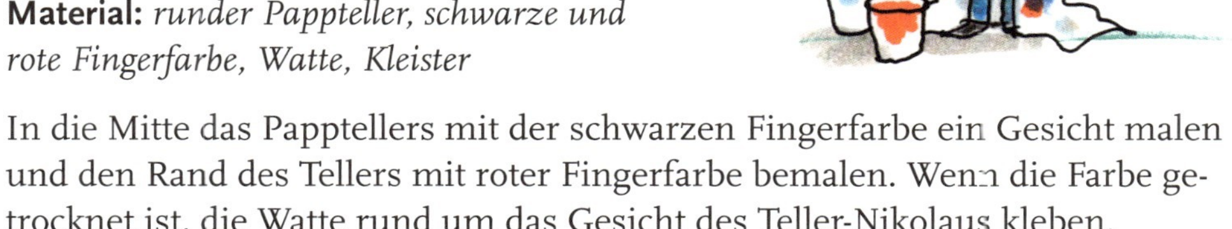

In die Mitte das Papptellers mit der schwarzen Fingerfarbe ein Gesicht malen und den Rand des Tellers mit roter Fingerfarbe bemalen. Wenn die Farbe getrocknet ist, die Watte rund um das Gesicht des Teller-Nikolaus kleben.

Sackpuzzle ab 3 Jahren

Material: *verschiedenfarbiger Fotokarton (ca. 20 x 30 cm), breiter Filzstift, Bleistift, Schere*

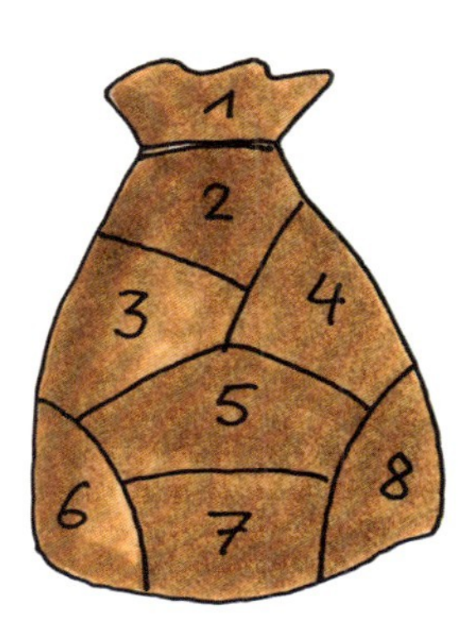

Auf den Karton einen Nikolaussack malen. Den Sack mit einem Bleistift für jüngere Kinder in 4 bis 5 Puzzleteile, für ältere Kinder in 8 bis 10 Teile unterteilen. Die Bleistiftlinien mit dem Filzstift nachziehen und den Sack an den Linien zerschneiden.

Tipp: Für jedes Kind ein Sackpuzzle in den Adventskalender stecken.

Nikolaussack ab 4 Jahre

Material: *Rupfen oder Weihnachtsstoff, Kordelband oder Baumwollgarn, Sticknadel, Teller mit ca. 10 cm Durchmesser, Schere, Filzstift*

Mit Hilfe des Tellers und Filzstift Kreise auf den Stoff malen und ausschneiden. Das Garn oder die Kordel ca. 1,5 cm vom Rand entfernt in gleichmäßigen Steppstichen rundherum durch den Stoff weben, zuziehen.
In die Säckchen Nüsse, kleine Murmeln, Perlen füllen und dann gut zubinden. Füllt man die Säckchen mit kleinen Glöckchen, können die Kinder damit die Nikolauslieder begleiten.

Nikolausschachtel ab 3 Jahren

Material: *leere Streichholz- oder andere kleine Schachteln, Glanzpapierreste, Schere, Klebstoff, Naschereien wie Rosinen, Nusskerne, Kekse, kleine Schokoladenstücke*

Die Streichholzschachteln mit den Papierresten bekleben, trocknen lassen. Die Schachteln mit den Naschereien füllen, in jeweils zwei Schachteln das Gleiche legen. Das Spiel nach den Memory-Regeln durchführen. Wer ein Pärchen gefunden hat, darf den Inhalt mit einem anderen teilen und aufessen. Das Spiel endet, wenn alle Schachteln leer sind.

Schachtelvers
Schachtel rütteln,
Schachtel schütteln,
Schachtel voll?
Schachtel leer?
Zeig sie her!

Nikolausstiefel ab 6 Jahren

Material: *2 Filzplatten ca. 20 x 30 cm, Socke zum Anfertigen einer Stiefelschablone in der Größe der Filzplatten, bunte Filzreste und/oder Goldfolie, evtl. Watte, Klebstoff, weißes Zwirngarn, Nähnadel, Schere*

Aus den beiden Filzplatten mit Hilfe der Sockenschablone zwei genau gleich große Stiefelformen ausschneiden, aufeinanderlegen und mit einfachen Steppstichen zusammennähen. Die obere Seite zum späteren Befüllen offenlassen. Aus einem Filzrest ein langes, gerades Stück herausschneiden, eine Schlaufe formen und sie an den Stiefelschaftrand nähen.
Aus Filzresten und Goldfolie Sterne, Punkte oder andere Muster schneiden und zur Dekoration auf den Nikolausstiefel kleben, die Watte zu einer „Schlange“ rollen und ebenfalls an den Stiefelschaft kleben.

Nikolaus an der Tür ab 5 Jahren

Material: *Packpapier- oder Tapetenrolle, Zeitungspapier zum Abdecken, Deckfarben, Buntstifte, Malkreiden oder andere Farben, Filz- und Papierreste in rot, grün, gold-, silberfarben, Watte, Wolle, Kordelband, Klebstoff, Schere, Klebeband.*

Die Papierrolle so weit ausrollen, dass sich ein Kind ausgestreckt darauflegen kann. Den Umriss abzeichnen und mit Sack, Stab und Mantel als Nikolaus ausstatten. Das fertig gemalte und verzierte Nikolausbild an der Zimmertür mit Klebeband befestigen.

Nikolausapfel ab 5 Jahren

Material: *1 Apfel, 1 Walnuss, 2 Erdnüsse, 1 rote Serviette, rotes Papier, Filzstifte, 3 Zahnstocher, etwas Watte, Klebstoff*

In die Walnuss einen Zahnstocher stecken, das andere Ende in die Stilseite des Apfels bohren. Mit dem Filzstift ein Gesicht auf die Walnuss malen und Watte als Bart ankleben. Aus der Serviette einen Umhang für den Nikolaus falten, um den Hals legen und festkleben. Aus dem roten Papier eine spitze Tüte formen und als Hut auf die Walnuss kleben. Für die Arme in jede Erdnuss einen Zahnstocher spießen und seitlich in den Apfel stecken (als Tischdekoration geeignet).

Nikolaussocke ab 6 Jahren

Material: *große, gewaschene Socke; abgerundete, dicke Sticknadel; rotes, weißes oder goldfarbenes Kordel- oder Schleifenband, Schere*

Das Kordelband in die Sticknadel einfädeln und mehrere Sterne im Kreuzstich auf die Socke sticken. Zum Schluss durch den Sockenrand ein Schleifenband zum Zuziehen weben.

Ess-Ecke

Nikolausstiefel ab 5 Jahren

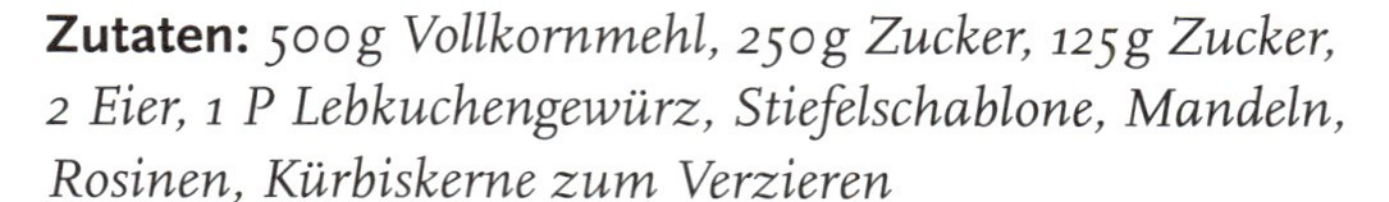

Zutaten: *500g Vollkornmehl, 250g Zucker, 125g Zucker, 2 Eier, 1 P Lebkuchengewürz, Stiefelschablone, Mandeln, Rosinen, Kürbiskerne zum Verzieren*

Aus den Zutaten einen Knetteig herstellen und ca. 1 Stunde kühl ruhen lassen. Anschließend Teig ausrollen, mehrere Stiefel aus dem Teig schneiden (vorher Pappschablone anfertigen) und mit halben Mandeln, Rosinen, Kürbiskernen verzieren. Etwa 20 Minuten backen bei etwa 170 °C.

Nikolausmuffins ab 4 Jahren

Zutaten: *125g Butter, 2 bis 3 Eier, 150g Zucker, 125g Mehl, 3 TL Backpulver, 100 g gemahlene Mandeln oder Haselnüsse, 100g Schokoladenbrösel*
Zum Verzieren: *1–2 EL Marmelade, 100g Marzipanrohmasse, 150g Puderzucker, rote Lebensmittelfarbe, Rosinen*

Alle Zutaten mit dem elektrischen Handrührgerät verrühren und den Teig in Muffinformen füllen, bei 175 °C ca. 20 Min backen. Nach dem Erkalten die Muffins verzieren.
Dazu die Marzipanrohmasse mit 50 g Puderzucker verkneten und mit roter Lebensmittelfarbe einfärben, ausrollen. Kreise ausstechen und diese zu kleinen Spitzentüten zusammendrehen. Die Mützen mit etwas Marmelade auf die Muffins setzen (kleben) und leicht andrücken.
Das restliche Marzipan nochmals zusammenkneten und kleine Kugeln für die Nasen formen. Den restlichen Puderzucker (100 g) mit etwas Wasser glatt rühren und in einen Spritzbeutel mit kleiner Sterntülle füllen. Auf jeden Nikolausmuffin Augen und Bart aufspritzen und mit dem Rest den Mützenrand verzieren. Je zwei Rosinen als Augen und die Marzipankugeln als Nasen mit etwas Marmelade auf die Gesichter setzen.

Ministutenkerle ab 4 Jahren

Zutaten (für ca. 10): *500g Weizenmehl, 1 Würfel frische Hefe, 1 TL Zucker, 1 TL Salz, 2 EL Sonnenblumenöl, ca. ¼ l lauwarme Milch, Rosinen zur Dekcration*

Mehl in eine Schüssel geben, in die Mitte eine Vertiefung machen, festdrücken, Hefe in die Mitte bröseln, Zucker und 4 EL lauwarme Milch auf die Hefe geben. Mit Mehl bestäuben und zugedeckt etwa 30 Minuten gehen lassen.
Wenn die Mehldecke reißt, die übrigen Zutaten an den Rand legen und mit der Hand von der Mitte aus vermengen, lauwarme Milch stetig nachgießen.
Den fertigen Teig mit beiden Händen auf der Tischplatte gründlich durchkneten, wieder gehen lassen und wieder kräftig durchkneten.
Minikerle formen, auf ein gefettetes Backblech legen und mit Rosinen das Gesicht legen. Auf der unteren Schiene bei ca. 170 °C etwa 20–3c Minuten backen.

Nikolauspunsch ab 4 Jahren

Zutaten: *¾ l roter oder weißer Traubensaft, 2 mittlere Zitronen, 3 mittlere Orangen, 3 Nelken, 1 Zimtstange, 2 EL Zucker*

Die Zitronen und Orangen auspressen und mit dem Traubensaft in einen Topf geben. Die Nelken und die Zimtstange hinzugeben und heiß werden lassen, ca. 15 Minuten ziehen lassen. Den Punsch warm trinken, den Zucker dazu servieren.

Rätsel: Was ist das?
Eine Kugel dick und prall
Viel, viel kleiner als ein Ball
Runzelt, schrumpelt
wird ganz klein,
schmeckt im Kuchen
süß und fein.
(Rosine)

Fastnacht – Fasching – Karneval

Einblicke

Fastnacht – Fasching – Karneval, diese traditionellen Begriffe haben die gleiche Bedeutung und bezeichnen die Tage unmittelbar vor Beginn der österlichen Fastenzeit. Die Zeit ist geprägt durch überliefertes Brauchtum. Bis ins 12. Jahrhundert feierte man Vorfrühlings- und Fruchtbarkeitsfeste, ehe die Kirche eine begrenzte Fastnachtszeit einführte. Die Karnevalzeit ist gewissermaßen letzte Gelegenheit zum Vergnügen sowie zum ausgiebigen Essen und Trinken vor der nachfolgenden 40-tägigen Fastenzeit bis Ostern, die zur Einschränkung, Ruhe und Besinnung auffordert.
Viele Bräuche sind erhalten geblieben, und in vielen Ländern gibt es ausgelassene Straßenfeste und Feiern, karnevalistische Veranstaltungen, närrische Umzüge und Maskenbälle.
Die *Fasnet* in Südwestdeutschland wie auch der *Basler Morgenstraich* in der Nordschweiz sind durchdrungen von heidnischen Bräuchen, die bis ins frühe Mittelalter zurückführen. Ausgestattet mit Narrenkappe, Schellen und Masken versinnbildlichen die Narrenkostüme dunkle dämonische Mächte, als Teufel, Hexen und andere schaurig-vermummte Gestalten. Die Rituale erinnern an das frühere Winteraustreiben.
Zum Höhepunkt der Karnevalssession finden seit dem 19. Jahrhundert in Deutschland im Rheinland und anderen Regionen Umzüge statt. Traditionell werden hier gesellschaftliche, politische wie kirchliche Ereignisse und Persönlichkeiten des vergangenen Jahrens von Karnevalsvereinen mit prächtig kostümierten Gruppen und fantasiereich dekorierten Festwagen ungeniert karikiert.
Zum Ende der Fastnachtzeit, am Fastnachtsdienstag, wird in vielen Gegenden symbolisch eine Strohpuppe auf dem Scheiterhaufen verbrannt oder der Geldbeutel gewaschen.

Tipps für die Kita

- Fast alle Kinder verkleiden sich gerne. Sie schlüpfen gern in Rollen, um für eine kurze, selbst bestimmte Zeit jemand anderes zu sein. In Rollenspielen zeigen Kinder, was sie beschäftigt. Dabei erproben sie sich und lernen, sich in andere hineinzuversetzen.
  Einmal Prinzessin oder Cowboy, Ritter oder Hexe sein, einmal stark, mutig, schön oder wild zu sein, mächtiger als die Erwachsenen – davon träumen viele Kinder. In der „neuen“ Rolle können sie neue Handlungsweisen erproben, das stärkt Selbstbewusstsein und Selbstvertrauen.
- Ein Höhepunkt der Faschingszeit ist für Kinder das Kostümfest, bei dem sie mit anderen verkleideten Kindern ausgelassen spielen, singen und tanzen können. Bei den Vorbereitungsarbeiten helfen sie engagiert mit. Sie stellen Girlanden und Masken für die Dekoration her, planen witzige Spiele, üben lustige Lieder ein und helfen bei der Zubereitung leckerer Speisen und Getränke.
- Kinder werden sich aber nur in solch einem Kostüm wohlfühlen, das ihrer Seelenlage entspricht. Ein Kind, das gern so unabhängig, wild und stark wie Pippi Langstrumpf wäre, wird sich wahrscheinlich nicht als Prinz oder Prinzessin präsentieren wollen.
- Von den Erzieherinnen muss darüber hinaus beachtet werden, dass eventuell Bräuche und Ansichten anderer Kulturkreise sich nicht unbedingt in deutsche Faschingsbräuche einfügen. Auch möchten manche Eltern nicht, dass ihr Kind sich kostümiert. Hier sollte versucht werden, im Gespräch einen Kompromiss zu finden. Natürlich gilt es ebenfalls unbedingt Rücksicht zu nehmen, wenn die Kinder selbst sich nicht verkleiden wollen, weil sie z. B. Angst vor Masken haben.
- Zum Faschings-Kehraus kann aus den Fotos, die während der Faschingszeit von den Kindern aufgenommen wurden, ein Memoryspiel oder Bilderbuch hergestellt werden. So bleibt die Erinnerung an das schöne Fest anschaulich.

Spiel-Platz

Faschingsfest Vers, ab 3 Jahren

Omas großer Hut ist weg
mit der roten Feder.
Und sie sucht seit gestern schon
ihre Pömps aus Leder.
Mutters Rüschenbluse fehlt,
Vater sucht die Brille.
und in Ninas Kinderzimmer
ist es verdächtig stille.
Was das bedeuten soll – na klar,
das Faschingsfest ist da!
Und wenn die Nina gefeiert hat,
ist alles wieder da!

Den Vers vorsprechen und dann gemeinsam mit den Kindern pantomimische Gesten zu dem Vers erfinden. Anschließend den Vers sprechen und dazu die passenden Gesten ausführen.

Prinz und Prinzessin Fingerspiel, ab 3 Jahren

Der Prinz, das ist ein stolzer Mann,
schaut die Prinzessin strahlend an.
Sie tanzen hin, sie tanzen her,
nach vorn, nach hinten fällt nicht schwer.
Sie drehen sich im Kreise.
Nun schaut mal zu und seid ganz leise,
denn jetzt umarmen sie sich sacht
und wünschen: „Gute Nacht!"
Doch zum allerletzten Schluss,
geben sie sich einen lauten …

Rechte Hand eines Spielers, linke Hand des Spielpartners, beide Hände fassen sich, bewegen sich hin und her, von sich weg, zu sich heran, einen Kreis in die Luft malen, jeder legt seinen Zeigefinger auf den Mund. Die Spielpartner umarmen sich, wünschen sich eine gute Nacht und geben einen Luftkuss.
Beide Hände können sich „verkleiden", z. B. durch Bemalen, oder indem kleine Papierhütchen oder bunte Fingerhüte aus Plastik auf einzelne Finger gesetzt werden.

Maskenball der Tiere Sprechspiel, ab 3 Jahren

„Mich dünkt, wir geben einen Maskenball“,
sprach die Nachtigall.
„Was werden wir essen?“,
sprachen die Wespen.
„Nudeln!“,
sprachen die Pudeln.
„Was werden wir trinken?“,
sprachen die Finken.
„Bier!“,
sprach der Stier.
„Nein, Wein!“,
sprach das Schwein.
„Wo werden wir tanzen?“,
sprachen die Wanzen.
„Im Haus!“,
sprach die Maus.
„So, so!“,
sprach der Floh.
Und alle fingen zu tanzen an.

Der Vers kann das Faschingsfest eröffnen: Im Wechsel sprechen die Kinder mit zuvor verteilten Rollen. Der letzte Satz wird gemeinsam gesprochen – und dann tanzen alle zur Musik.

Hulahuppmemory Darstellungsspiel, ab 4 Jahren

Material: *einige Reifen, Memorykarten mit Abbildungen von Tieren, Fahrzeugen, Berufen*

Die Kinder suchen sich eine Spielkarte aus. Die Kartenmotive sollten so ausgewählt sein, dass sie dargestellt werden können. Die zweite Memcrykarte bleibt bei der Spielleitung. In der Mitte liegt der Reifen.
Die Spielleitung lässt nun laute Musik laufen. Die Kinder bewegen sich im Raum. Wenn die Musik stoppt, hält die Spielleitung die Karte hoch und ruft den Namen der Abbildung. Das Kind mit dem gleichen Motiv (z. B. Eisenbahn) stellt sich in den Reifen und ruft „*Hula hupp ich bin die Eisenbahn!*“ und bewegt sich geräuschvoll wie eine Eisenbahn.
Wenn die Musik wieder einsetzt, tanzen alle weiter bis zum nächsten Musikstopp.

Zauberer Heliox Bewegungsspiel, ab 3 Jahren

Material: *Zauberstab*

Der älteste Mitspieler ist der erste Zauberer Heliox. Er schwenkt seinen Zauberstab und spricht dazu einen Zauberspruch. Alle bewegen sich wie von Heliox gewünscht, bis er seinen Nachfolger ausgesucht hat.

Zauberspruch
Ich bin Zauberer Heliox,
verzaubre euch ganz fix – fax – fox,
bewegt euch wie in eine Ente (Torte, Planet, Bagger, Riese)
knix – knax – knox.

Hexentanz Bewegungsspiel, ab 3 Jahren

Material: *Kochlöffel, CD-Player und beliebige Musik*

Mit einem Abzählreim wird die Hexe ermittelt. Alle Spieler gehen durch den Raum oder tanzen. Wen die Hexe mit ihrem Kochlöffel berührt, der bleibt stehen und verharrt in der Bewegung. Stehen alle still, bestimmt die Hexe ihre Nachfolgerin.

Abzählvers
Spiegelei mit Spinnenbein
Buttermilch mit Fliegendreck –
und du bist weg.

Hexenpopcorn Bewegungsspiel, ab 4 Jahren

Material: *1 Tüte Popcorn*

Die Spielleitung reicht die Tüte herum und jeder nimmt sich ein Popcorn. Es geschieht dann etwas Sonderbares mit den Kindern, sie werden alle jünger, benehmen und bewegen sich wie Babys. Sie brabbeln und krabbeln auf dem Boden. Nachdem die Spielleitung wieder eine Runde Popcorn verteilt hat, werden die Kinder zu alten Männern und Frauen.
In weiteren Runden werden sie zu Piloten, Boxern, Indianern und anderen Figuren, bis die Tüte leer ist.

Ich kenne einen Cowboy

Bewegungslied, ab 3 Jahren

Text und Melodie überliefert

2. Ich kenne einen Cowboy, der Cowboy, der heißt Bill.
   Und wenn der Cowboy Lasso wirft, dann steht mein Herze still.
||: Und so wirft er das Lasso, das Lasso wirft er so :||

3. Ich kenne einen Cowboy, der Cowboy, der heißt Bill.
   Und wenn der Cowboy trinken will, dann steht mein Herze still.
||: Und so trinkt der Cowboy, der Cowboy, der trinkt so :||

4. Ich kenne einen Cowboy, der Cowboy, der heißt Bill.
   Und wenn der Cowboy liebt, dann steht mein Herze still.
||: Und so liebt der Cowboy, der Cowboy, der liebt so, :||

5. Ich kenne einen Cowboy, der Cowboy, der heißt Bill.
   Und wenn der Cowboy schlafen will, dann steht mein Herze still.
||: Und so schläft der Cowboy, der Cowboy, der schläft so, :||

Die Kinder mimen zu jeder Strophe den Cowboy und führen genau das aus, was der Cowboy im Liedtext macht.

Fingerfasching ab 4 Jahren

Alle meine Fingerlein
wollen heute fröhlich sein.
Sie gehen auf ein Fasnachtsfest,
keiner auf sich warten lässt.
Jeder eilt – eins, zwei, drei –
ist beim Faschingsfest dabei:
An der Spitze ganz voran,
geht der lust'ge Hampelmann.
Die Prinzessin Tausendschön,
mit dem Prinzen will sie gehen.
Seht die Hexe Hinkeviel
mit dem Zauberbesenstiel.
Und dahinter seht ihr auch
einen Clown mit dickem Bauch.
Und zum Schluss, in letzter Reih,
ist ein Zwerglein auch dabei.
Mit Trara und Tschingbumbum
geht die Blaskapelle um.
Mit Tschingbumm und mit Trara:
Fasching, Fasching, der ist da.
(überliefert)

Bei diesem Fingerspiel die einzelnen Finger entsprechend anmalen und dann im Sprechrhythmus bewegen.

Zauberfedern Fangspiel, ab 4 Jahren

Material: *drei zusammengebundene Federn, 1 Reifen, 3 Hüte*

Die Federn werden in den Reifen gelegt. Drei Fänger (je nach Gruppengröße) werden bestimmt. Sie setzen einen Hut auf und versuchen, die anderen Kinder zu fangen. Dort, wo ein Fänger ein Kind berührt, muss es selbst seine Hand auf diese Stelle legen (z. B. an der Schulter). Um sich wieder normal bewegen zu können, läuft es zu dem Reifen und berührt mit den drei Federn den gebannten Körperteil. Dabei ruft es sehr laut den Zauberspruch
1 – 2 – 3 – Feder mach mich frei
und stampft dreimal mit dem Fuß auf. Das Kind ist nun frei und kann wieder mitrennen. Nach einiger Zeit neue Fänger bestimmen.

Straßenfegerpolonaise Bewegungsspiel, ab 4 Jahren

Ein führendes Paar wird bestimmt, bekommt Handfeger und Kehrschaufel überreicht und führt zur Musik die Polonaise an, z. B.:
1. *Auftakt:* Die Tänzer bilden eine lange Schlange, wobei sich jeder beim Vordermann an Hüfte oder Schulter anhängt. Die Schlange bewegt sich so lange durch den Raum, bis alle, die mittanzen möchten, an der Schlange hängen.
2. *Gasse:* Die Tänzer stehen sich in zwei Reihen gegenüber. Das erste Paar fasst sich paarweise bei den Händen und tanzt im Seitgalopp bis zum Ende der Gasse. Alle Paare folgen nacheinander.
3. *Torlauf:* Alle Paare stellen sich mit den Gesichtern zueinander auf und bilden mit den Armen Torbögen. Das erste Paar hüpft im Seitgalopp durch die Torbogengasse hindurch und stellt sich am anderen Ende wieder auf. Es schließt sich das zweite Paar an, so geht es weiter, bis die Vortänzer wieder vorne stehen.
4. *Arm in Arm:* Dann stellen sich zwei Reihen gegenüber und schunkeln Arm in Arm zum Rhythmus der Musik (hin und her, hocken/aufrecht stehen, rechtes/linkes Bein vorstrecken).
5. *Kette:* Alle Tänzer bilden eine Kette (Hände fassen), die sich durch den Raum schlängelt.
6. *Einrollen/Aufrollen:* Der Vortänzer bleibt stehen und alle anderen wickeln sich um ihn herum und wickeln sich anschließend wieder auf.
7. *Ausklang:* Zur Walzermusik (o. Ä.) finden sich Paare, die miteinander tanzen.

Tanzballonkönig Bewegungsspiel, ab 4 Jahren

Material: *16 Luftballons in vier verschiedenen Farben, Musik*

Luftballons aufblasen und zuknoten. Ein Kind ist Farbenkönig/Farbenkönigin. Die vier Raumecken mit je vier Ballons farblich markieren. Startet die Musik, treiben und verwirbeln alle Kinder die Luftballons im ganzen Raum. Stoppt die Musik, ruft der/die Farbenkönig/in eine Farbe, und die in diese Ecke gehörenden Ballons müssen dorthin gebracht werden. Setzt die Musik wieder ein, fliegen die Ballons wieder. Ruft die Königin: *„In alle vier Ecken!"*, muss jeder Ballon in seine richtige Farbecke gebracht werden.

Narrenspiel Pantomime, ab 4 Jahren

Material: *eine große Kiste*

Pantomimisch holt die Spielleitung Gegenstände aus der Kiste und gibt sie den Kindern in die Hände. Die Kinder reichen sie pantomimisch im Kreis weiter, z. B. ein Eis, ein stinkender Fisch, ein Luftballon, eine Flöte, eine Schere, ein Wellensittich.
Wichtig ist, dass die Kinder die Gegenstände deutlich erkennen und reagieren. Die Dinge können auch ruhig benannt werden.
Am Ende sammelt die Spielleitung nacheinander die Gegenstände wieder ein, sie kann sie auch bei den Kindern abholen.

Witzfiguren malen Malspiel, ab 5 Jahren

Material: *mehrere Malblätter, Malstifte*

Jedes Kind nimmt sich ein Blatt und faltet es in drei fast gleich große Teile Dann malt jeder auf sein Blatt in das erste obere Teil einen Kopf hinein, ohne dass es die anderen sehen. Danach klappt jeder diesen Abschnitt zu und gibt sein Blatt an den nächsten weiter, der dann den Rumpf malt. Wiederum das Blatt zuklappen und an das dritte Kind weitergegeben. Das malt nun im unteren Teil die Beine und Füße. Zum Schluss die Blätter wieder öffnen und nachschauen.

Büttengeschichten Erzählspiel, ab 7 Jahren

Die Redner sitzen verkleidet im Halbkreis. Jeder nennt seinen Phantasienamen (Cowboy Jim, Prinzessin Tausendschön usw.) Der erste Redner setzt sich vor den Halbkreis und beginnt mit der Kettengeschichte: *„Ich bin Jim der Cowboy und ich erzähle nun: Also, vor einiger Zeit, ich hatte gerade mein Pferd gesattelt, denn ich wollte in die Stadt reiten, um im Saloon meine Freunde zu treffen, da traf ich eine Prinzessin in ihrer Kutsche. Sie hielt an und sagte …“* Die Prinzessin setzt sich nun vor den Halbkreis, stellt sich mit ihrem Fantasienamen vor und erzählt die Geschichte weiter, bis sie den nächsten Erzähler auffordert, usw.
Ist die Geschichte zu Ende erzählt, wird die Bütt geschlossen
Tipp: Ältere Mitspieler erzählen eine in sich geschlossene Geschichte.

Maskenball Lied, ab 4 Jahren

Text und Melodie überliefert

Alle: Wir feiern heute Maskenball, überall hier im Haus
wir feiern heute Maskenball, hier im Haus.

Kind: Ich möchte heut Prinzessin sein, mit langem Kleid und Glitzerstein.
Alle: Du möchtest heut Prinzessin sein und tanzen fein.

Kind: Ich möchte heut ne Hexe sein, mit Hexenhaus und Hexenbuch.
Alle: Du möchtest heut ne Hexe sein und hexen fein.

Kind: Ich möchte heut ein Zaubrer sein, mit Zauberstab und Zauberhut
Alle: Du möchtest heut ein Zaubrer sein und zaubern fein.

Kind: Ich möchte heut ein Cowboy sein, mit Lasso, Colt und Cowboyhut.
Alle: Du möchtest heut ein Cowboy sein und reiten fein.

Alle Kinder stehen in einem großen Kreis. Nacheinander betreten die genannten Masken die Kreismitte, stellen sich vor und bewegen sich tanzend, passend zu ihrer Verkleidung. Die Zuschauer klatschen beim Refrain in die Hände. Es können bei anderen Verkleidungen neue Strophen gedichtet werden.

Tipp:
Am Ende des Spielfestes kann dieser Refrain gesungen werden:
Alle: Zu Ende ist der Maskenball, überall hier im Haus
zu Ende ist der Maskenball, er war sooo schön.

Kreativ-Werkstatt

Kettengirlande ab 3 Jahren

Material: *Tonpapier (Reste), Schere, Bindfaden, Tacker, Klebstoff*

Streifen aus Tonpapier schneiden (4 x 20 cm oder größer). Einen Streifen zu einem Ring zusammenkleben, jeden weiteren Streifen durch den nächsten Ring führen und an den Enden zusammenkleben, sodass eine lange Gliederkette entsteht.

Halbmaske ab 5 Jahren

Material: *Pappteller, Bleistift, Schere, Cutter, Heftzange, Locher, Klebstoff, Gummiband, zur Dekoration: Wolle, Bast, Luftschlangen, Federn, Glitzer und anderes mehr.*

Den Pappteller halbieren und zunächst mit Augen-, Mund- und Nasenlöcher aufzeichnen, anschließend ausschneiden. Das Gummiband an beiden Seiten anbringen und den Maskenrohling mit den ausgewählten Dingen ausschmücken. Die geschaffene Maske aufsetzen oder als Raumdekoration verwenden.

Schminke selbst gemacht ab 5 Jahren

Material: *1 EL Babypuder, 1 El Hautcreme (Nivea), flüssige Lebensmittelfarbe*

Puder und Creme miteinander vermischen und die Masse mit einem Löffel glatt rühren. Lebensmittelfarbe dazugeben und bis zur gewünschten Farbintensität einfärben.
Die Schminke lässt sich mit einem feuchten Waschlappen entfernen.

Tipp:
Bevor die Schminke aufgetragen wird, an einer Hautstelle, z. B. in der Armbeuge, auf allergische Reaktionen testen.

Dreieckgirlande ab 3 Jahren

Material: *Papierquadrate in verschiedenen Papierarten, unterschiedlichen Farben und Größen, langer Bindfaden, Klebstoff*

Die Quadrate zu einem Dreieck falten, den Bindfaden in die Faltkante legen, die Dreieckseiten aufeinander kleben. Die Girlanden sehen mit einfarbigen oder bunt gemischten Dreiecken gleichermaßen dekorativ aus.

Tipp für ältere Kinder:
Aus Rechtecken Romben schneiden und dann ebenfalls an den Bindfaden kleben

Hexentreppengirlande ab 5 Jahren

Material: *beliebige bunte Papierstreifen in gleicher Breite (ca. 5–8 cm), Klebstoff*

Den Anfang von zwei Streifen kreuzweise aufeinander kleben, dann die Streifen abwechselnd vor und zurückfalten. Für eine lange Girlande weitere Streifenstücke ankleben. Zum Schluss die Streifenenden zusammenkleben. Vorsichtig die Hexentreppe auseinanderziehen und im Raum aufhängen.

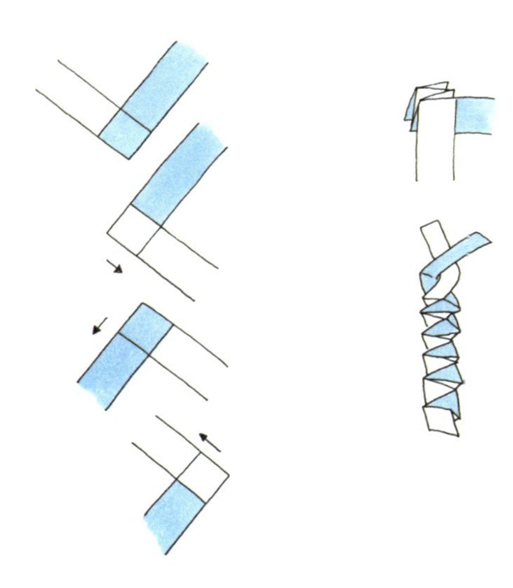

Ess-Ecke

Pizzagesichter ab 5 Jahren

Zutaten: *80g feines Mehl, 170g Vollkornmehl, 250g Quark, ½ TL Salz, ½ Päckchen Backpulver, 1 Ei, Paprikastücke, Champignons, Wurstscheiben, Käse, Ananas (Dose)*

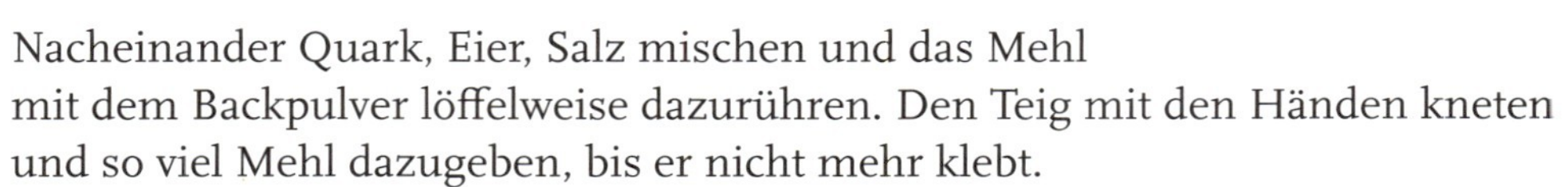

Nacheinander Quark, Eier, Salz mischen und das Mehl mit dem Backpulver löffelweise dazurühren. Den Teig mit den Händen kneten und so viel Mehl dazugeben, bis er nicht mehr klebt.
Ca. 10 kleine Kugeln formen, auf ein Backblech mit Backpapier legen und flach drücken. Jeder kann nun sein eigenes Pizzagesicht legen.
Sind alle Pizzagesichter fertig, das Blech in den Backofen geben und bei etwa 200 °C ca. 15–20 Min. backen.

Muzemandeln ab 5 Jahren, mit Hilfe des Erwachsenen

Zutaten (für ca. 16 Stück): *35g kalte Butter, 75g Zucker, 1 großes Ei, geriebene Schale ¼ Zitrone, 1 Prise salz, 150g Mehl, ½ Teelöffel Backpulver, 35g geriebene Mandeln, Puderzucker, 1 kg Butterschmalz (Kokosfett, Frittieröl)*

Butter mit Zucker verrühren, nacheinander einzeln einrühren: Ei, Zitronenschale, Salz, die Hälfte des Mehls, Backpulver, Mandeln. Teig zu einer Kugel formen (klebt etwas) und in Klarsichtfolie einschlagen. Mindestens 3 Stunden im Kühlschrank ruhen lassen (auch über Nacht). Anschließend den Teig zu einer Rolle mit ca. 2 cm Durchmesser rollen, davon 1 cm dicke Scheiben abschneiden und aus den Scheiben Mandeln formen.
Das Fett erhitzen (in einem großen Topf/Wok oder in der Fritteuse auf 180 °C).
Die Muzemandeln in das Fett geben – es muss dann sprudeln. Von jeder Seite ca. 3 Minuten backen.
Mit einem Schaumlöffel die hellbraunen Muzemandeln aus dem Fett nehmen, auf dem Kuchengitter abtropfen lassen und mit Puderzucker bestäuben.

Feste feiern – einfach so!

Spontane Kinderfeste

Einblicke

Zum Abschluss dieses Kindergartenfestebuches wollen wir eine ganz andere Festform vorstellen: spontane Feste – als Ausdruck der Freude, die alle gemeinsam erleben.
Anlässe zu spontanen Kinderfesten in der Kita ergeben sich oft aus unmittelbaren Stimmungen oder besonderen Situationen. So kann aus dem wöchentlichen Spielzeugtag ein „Kuscheltierfest“ werden und ein „Regenfest“ dazu beitragen, dass der verregnete April doch noch einen fröhlichen Abschluss erhält.
Weitere Situationen für willkommene Feste einfach so zwischendurch können themenbezogene Spielaktionen sein, ein Picknick im Grünen oder die Einweihung der neuen Kinderspielhütte auf dem Außengelände.
Wir möchten Sie einladen, gemeinsam mit den Kindern auch spontane Feste zu gestalten – Ihrer Kreativität sind keine Grenzen gesetzt. Im Folgenden haben wir ein Festbeispiel mit unterschiedlichen Spiel-, Kreativ- und Kochangeboten für Sie zusammengestellt, ein kunterbuntes Farbenfest.

Kunterbuntes Farbenfest

Tipps für die Kita

Um ein „Kunterbuntes Farbenfest“ in der Kita zu feiern, bieten sich verschiedene Formen der Durchführung an:

- Als **Spielprojekt**: Jede Farbe kann einzeln mit den Kindern erlebbar gemacht werden, d. h., dass jeder Tag eine andere Farbe hat, z. B. am roten Montag spielen, basteln und kochen die Kinder nur mit der Farbe „Rot“, und zum Abschluss am Freitag wird „Das Fest der vier Farben“ gefeiert, bei dem alle Ergebnisse präsentiert werden, z. B. die Farbenhäuser (s. S. 158).
- Als **Spielkette** oder **Mitmachgeschichte**: Die Spielleiterin erzählt eine Geschichte, in der die Mitspieler verschiedene Spielaufgaben Schritt für Schritt gemeinsam mit der Spielleiterin bewältigen müssen. Zum Beispiel begeben sich die Kinder mit Kapitän Kunterbunt auf eine fantastische Reise zu den Inseln der Vier Farben. Ist das Ziel erreicht, endet das Abenteuer mit einem Seemannsfestessen, bei dem Speisen in vier Farben angeboten werden. (Selbstverständlich können auch die Inseln „Rota“, „Blaula“, „Gelbia“ und „Grünia“ einzeln angesteuert werden.)
- Als **Stationenspiel**: Vier Farbstationen werden parallel nebeneinander angeboten. Entweder die Spieler entscheiden frei, wann und wo sie agieren möchten, oder sie gehen in Begleitung einer Erzieherin in Kleingruppen (5–8 Kinder) von Station zu Station. Zum Beispiel:
  1. Rote Station: Rote Blumenbilder gestalten (S. 157)
  2. Blaue Station: Im Aquarium angeln (S. 158)
  3. Grüne Station: Fantasietierbilder (S. 158)
  4. Gelbe Station: Kürbistragen (S. 153)

  Zusätzlich empfiehlt es sich, ein bis zwei Pausenstände anzubieten, wo wartende, fertige oder passive Spieler sich stärken und erfrischen können. Am Getränkestand muss z. B. aus verschieden farbigen Getränken Waldmeister herausgeschmeckt werden, und am Imbissstand können die Kinder z. B. Gemüsegesichter auf Brotscheiben kreieren.

Spiel-Platz

Die Fräuleins Farbenfroh Bewegungsspiel, ab 3 Jahren

Die Mitspieler sitzen im Kreis und rhythmisieren den Text durch Klatschen oder abwechselndes Schlagen auf die Oberschenkel. Jeder Vers kann mehrmals gesprochen werden, wobei die Lautstärke oder Stimmlage variiert wird.

Su-si Sonnen-gelb,
wohnst du im Sonnen-blumen-feld?
Ich wohn' im Sonnen-blumen-feld.
Ich heiße Susi Sonnengelb.

Bel-la Himmel-blau,
bist du die kleine Meer-jungfrau?
Ich bin die kleine Meer-jung-frau.
Ich heiße Bella Himmel-blau.

Ro-si Rosen-rot,
warum isst du nur Erdbeerbrot?
Ich esse gerne Erdbeerbrot.
Ich heiße Rosi Rosenrot.

Si-grun Rasen-grün,
warum bist du so ungestüm?
Ich bin doch gar nicht ungestüm.
Ich heiß' nur Sigrun Rasengrün.

Bunter Tag Kontaktspiel, ab 4 Jahren

Material: *bewegte Musik*

Die Mitspieler bewegen sich zu einer flotten Musik frei im Raum. Wenn die Musik stoppt, begrüßen sich alle auf eine besondere Weise. Jeder sagt zu jedem: *„Roten (blauen, gelben, grünen) Tag!“* und sie schütteln sich z. B. die Hände, zupfen sich am Ohrläppchen, berühren sich mit der Fußspitze oder dem Po etc.

Kommt, wir machen eine Reise

Bewegungsspiel, ab 3 Jahren

Text: Autorinnen, Melodie: überliefert

Alle Mitspieler machen eine Polonaise, d. h. sie legen die Hände auf die Schultern des vorderen Mitspielers und singen. Dabei werden die angegebenen Bewegungen ausgeführt, z. B. klatschen, hüpfen, drehen, nicken, tanzen, stampfen, auf Zehenspitzen gehen etc.
Weiter geht die Reise ...

- durch den blauen Blaubeerwald
- durch den grünen Tannenwald
- durch das Sonnenblumenfeld

Kürbis tragen

Geschicklichkeitsspiel, ab 4 Jahren

Material: *gelbe, blaue, rote, grüne Luftballons*

Jeweils zwei Mitspieler halten zwischen ihren Oberkörpern einen gelben Kürbis (gelber Luftballon), ohne dabei die Hände zu benutzen. Die Kürbisse müssen zu einer vorher bestimmten Stelle (evtl. über Hindernisse) transportiert werden.

Tipp:
Es werden auch „blaue Riesenpflaumen“, „roter Rotkohl“ und „grüne Wassermelonen“ transportiert.

Tanz der Farben Kreisspiel, ab 4 Jahren

Material: *Verkleidungsgegenstände in den entsprechenden Farben*

Vor dem Spiel die Rollen verteilen: Fischer und Fischerfrau, Jäger und Jägerfrau, Frau Rot, Herr Gelb. Alle Kinder bilden einen Kreis, fassen sich an, singen und gehen in eine Richtung. An den entsprechenden Stellen im Liedtext treten die für die Rollen ausgewählten Kinder in die Kreismitte und agieren entsprechend. Bei *„Und dann könnt ihr sehen …"* bleiben die Kinder im Kreis stehen und begleiten das Lied mit Klatschen. In der letzten Strophe tanzen alle zusammen.

Text: Autorinnen, Melodie: überliefert

2. Wenn wir im Sommer mal nach Grünland gehn,
   um zu baden in dem grünen See.
   Sehn wir den Jäger und die Jägerfrau
   mit Schießgewehr im Morgengrau.
   Er trägt den Jägerhut zu jeder Zeit.
   Sie hat ein dunkelgrünes Jägerkleid.

II: Und dann könnt ihr sehen,
sie schunkeln und sie drehen,
tanzen sie zusammen heut den grünen Tanz. :II

3. Wenn wir im Sommer mal nach Rotland gehn,
   um zu baden in dem roten See.
   Sehn wir Frau Rot mit ihrem roten Haar,
   mit Rosen dran, wie wunderbar.
   Sie hat ein feuerrotes Sommerkleid.
   Sie trägt rote Schuh' zu jeder Zeit.

II: Und dann könnt ihr sehen,
sie schunkelt und sie dreht sich,
tanzt sie ganz alleine heut den roten Tanz. :II

4. Wenn wir im Sommer mal nach Gelbland gehn,
   um zu baden in dem gelben See.
   Sehn wir Herrn Gelb mit seinem Sonnenhut
   und Brille auf, das steht ihm gut.
   Er hat Bermudas an zu jeder Zeit
   und ein gelbes Handtuch stets bereit.

II: Und dann könnt ihr sehen,
er schunkelt und er dreht sich,
tanzt er ganz alleine heut den gelben Tanz. :II

5. Wenn wir alle dann nach Buntland gehn,
   um zu baden in dem bunten See.
   Sehn wir den Fischer und die Fischerfrau,
   den Jäger und die Jägerfrau.
   Frau Rot trägt ihr feuerrotes Sommerkleid.
   Herr Gelb hat sein gelbes Handtuch stets bereit.

II: Und dann könnt ihr sehen,
wir schunkeln und wir drehen,
tanzen wir zusammen heut den bunten Tanz. :II

Fischer, wie weht deine Fahne   Laufspiel, ab 5 Jahren

Die Spieler stehen nebeneinander am Spielfeldrand, während der Fischer in etwa zehn Meter Entfernung den Spielern gegenüber steht. Die Spieler rufen: *„Fischer, wie weht deine Fahne?"* Der Fischer antwortet z. B.: *„Rot!"* Spieler, die die genannte Farbe an ihrer Kleidung haben, dürfen zur gegenüberliegenden Seite gehen, die anderen versucht der Fischer zu fangen. In der nächsten Spielrunde helfen die gefangenen Spieler dem Fischer.

Farbenhäuser hinter sieben Bergen

Hinter sieben blauen Bergen
steht ein blaues Haus.
Drinnen wohnen blaue Zwerge,
manchmal schauen sie heraus.
Essen gerne Pflaumenkuchen,
spielen Käpten Blaubär suchen.
Sagen „Blauen Tag, wir laden ein
zu Blaubeerquark und Brombeerwein."

Hinter sieben roten Bergen
steht ein rotes Haus.
Drinnen wohnen rote Zwerge,
manchmal schauen sie heraus.
Essen gerne Erdbeerkuchen.
Rotkäppchen kommt sie besuchen.
Sagen: „Roten Tag, wir laden ein
zu Radieschenbrot und Himbeer-
wein."

Hinter sieben grünen Bergen
steht ein grünes Haus.
Drinnen wohnen grüne Zwerge,
manchmal schauen sie heraus.
Essen gerne Kiwitorte,
sprechen gerne grüne Worte.
Sagen: „Grünen Tag, wir laden ein
zu Gurkenbrot und Gänsewein."

Hinter sieben gelben Bergen
steht ein gelbes Haus.
Drinnen wohnen gelbe Zwerge,
manchmal schauen sie heraus.
Essen gern Zitronenkuchen,
spielen Sonnenstrahlen suchen.
Sagen: „Gelben Tag, wir laden ein
zu Bananenquark und Honigwein."
(Text: Autorinnen)

Ess-Ecke

Bunter Gemüsesalat ab 5 Jahren

Zutaten (für 4 Personen): *1 Kopfsalat, 4 Tomaten, 6 Radieschen, 1 Gurke, 1 Zwiebel, 1 grüne Paprikaschote, 1 Dose Maiskörner(ca. 300g)*

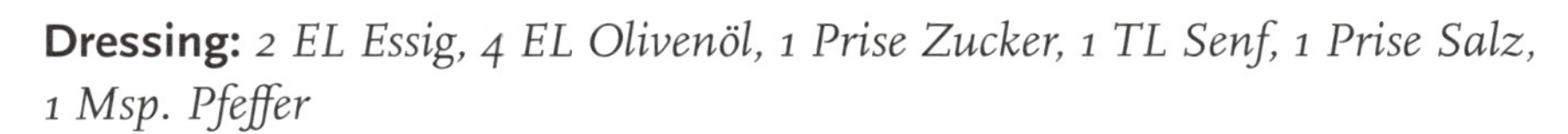

Dressing: *2 EL Essig, 4 EL Olivenöl, 1 Prise Zucker, 1 TL Senf, 1 Prise Salz, 1 Msp. Pfeffer*

Das frische Gemüse waschen. Den Salat grob zerpflücken. Die Tomaten, die Radieschen und die Gurke in Scheiben schneiden. Die geschälte Zwiebel in feine Ringe und die Paprikaschote in Streifenschneiden. Den Mais in einem Sieb abtropfen lassen und alle Zutaten in eine große Schüssel geben.
In einem anderen Gefäß Essig, Öl, Zucker, Senf, Salz und Pfeffer zu einer Salatmarinade verrühren. Die Salatsoße über das geschnittene Gemüse gießen und alles miteinander sorgfältig vermengen. Zum Schluss kleingehackte Petersilie über den Salat streuen.

Grüne Monsterbrause ab 4 Jahren

Zutaten: *1l Mineralwasser, 1 Zitrone, ca. 125ml Waldmeistersirup*

Mineralwasser in einen großen Krug gießen, den Saft einer ausgepressten Zitrone und den Waldmeistersirup dazu geben. Alles umrühren und trinken.

Drachenblut ab 4 Jahren

Zutaten: *8cl Kirschnektar, 8cl Maracujanektar, 2cl Grenadine, 2cl Zitronensaft, Mineralwasser*

Alle Zutaten in einen Shaker geben, gut schütteln und am besten noch ein paar Eiswürfel dazugeben. In ein Glas schütten und nach Belieben mit Mineralwasser auffüllen.

Bananen-Muffins ab 5 Jahren

Zutaten: *3 reife Bananen, 125 g Roggenmehl, 150 g Weizenmehl, 1 P Backpulver, 80 g Butter, 240 g Zucker, 3 Eier, 1 Prise Salz, 1 TL Zitronenschale, 1 P Vanillezucker, 75 g Sauerrahm*

Das Mehl mit dem Backpulver sieben und mischen. Die Bananen schälen und mit einer Gabel zu Brei zerdrücken. Alle anderen Zutaten mit einem Rührgerät schaumig schlagen. Das Mehlgemisch und die Bananen dazugeben und unterrühren.
Ein Muffinblech mit Papierförmchen auslegen. Teig in die Förmchen füllen und etwa 25–30 Minuten bei 180 °C backen.

Aquarium im Becher ab 4 Jahren

Zutaten: *500 ml Apfelsaft, Zucker nach Geschmack, 5–6 Blatt Gelatine, Fruchtgummifische*

Den Apfelsaft aufkochen und mit blauer Lebensmittelfarbe einfärben (ggf. etwas zuckern, je nach Geschmack). Die Gelatine für 5–7 Min. in kaltem Wasser einweichen und ausdrücken und bis zum Auflösen in einem Topf erwärmen. Dann ein paar Löffel Saft zugeben, verrühren, den restlichen Saft nach und nach unter Rühren zugeben.
Etwas blaue Götterspeise in transparente Becher füllen und kaltstellen. Wenn die Masse fest wird, einige Fruchtgummifische hineinlegen, dann die Becher mit dem Rest blauer Flüssigkeit weiter auffüllen und bis zum Erstarren (ca. 6 Stunden) kalt stellen.

Ess-Ecke

Bunter Gemüsesalat ab 5 Jahren

Zutaten (für 4 Personen): *1 Kopfsalat, 4 Tomaten, 6 Radieschen, 1 Gurke, 1 Zwiebel, 1 grüne Paprikaschote, 1 Dose Maiskörner(ca. 300g)*

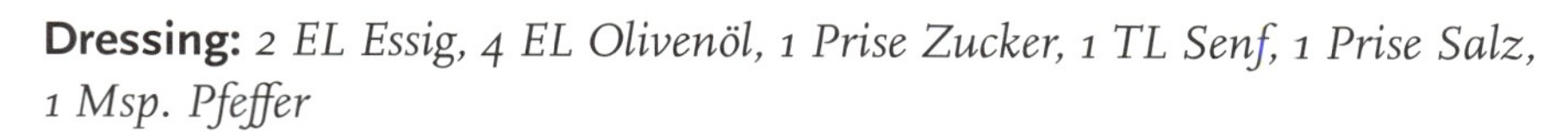

Dressing: *2 EL Essig, 4 EL Olivenöl, 1 Prise Zucker, 1 TL Senf, 1 Prise Salz, 1 Msp. Pfeffer*

Das frische Gemüse waschen. Den Salat grob zerpflücken. Die Tomaten, die Radieschen und die Gurke in Scheiben schneiden. Die geschälte Zwiebel in feine Ringe und die Paprikaschote in Streifenschneiden. Den Mais in einem Sieb abtropfen lassen und alle Zutaten in eine große Schüssel geben.
In einem anderen Gefäß Essig, Öl, Zucker, Senf, Salz und Pfeffer zu einer Salatmarinade verrühren. Die Salatsoße über das geschnittene Gemüse gießen und alles miteinander sorgfältig vermengen. Zum Schluss kleingehackte Petersilie über den Salat streuen.

Grüne Monsterbrause ab 4 Jahren

Zutaten: *1 l Mineralwasser, 1 Zitrone, ca. 125 ml Waldmeistersirup*

Mineralwasser in einen großen Krug gießen, den Saft einer ausgepressten Zitrone und den Waldmeistersirup dazu geben. Alles umrühren und trinken.

Drachenblut ab 4 Jahren

Zutaten: *8 cl Kirschnektar, 8 cl Maracujanektar, 2 cl Grenadine, 2 cl Zitronensaft, Mineralwasser*

Alle Zutaten in einen Shaker geben, gut schütteln und am besten noch ein paar Eiswürfel dazugeben. In ein Glas schütten und nach Belieben mit Mineralwasser auffüllen.

Bananen-Muffins ab 5 Jahren

Zutaten: *3 reife Bananen, 125g Roggenmehl, 150g Weizenmehl, 1 P Backpulver, 80g Butter, 240g Zucker, 3 Eier, 1 Prise Salz, 1 TL Zitronenschale, 1 P Vanillezucker, 75g Sauerrahm*

Das Mehl mit dem Backpulver sieben und mischen. Die Bananen schälen und mit einer Gabel zu Brei zerdrücken. Alle anderen Zutaten mit einem Rührgerät schaumig schlagen. Das Mehlgemisch und die Bananen dazugeben und unterrühren.
Ein Muffinblech mit Papierförmchen auslegen. Teig in die Förmchen füllen und etwa 25–30 Minuten bei 180 °C backen.

Aquarium im Becher ab 4 Jahren

Zutaten: *500ml Apfelsaft, Zucker nach Geschmack, 5–6 Blatt Gelatine, Fruchtgummifische*

Den Apfelsaft aufkochen und mit blauer Lebensmittelfarbe einfärben (ggf. etwas zuckern, je nach Geschmack). Die Gelatine für 5–7 Min. in kaltem Wasser einweichen und ausdrücken und bis zum Auflösen in einem Topf erwärmen. Dann ein paar Löffel Saft zugeben, verrühren, den restlichen Saft nach und nach unter Rühren zugeben.
Etwas blaue Götterspeise in transparente Becher füllen und kaltstellen. Wenn die Masse fest wird, einige Fruchtgummifische hineinlegen, dann die Becher mit dem Rest blauer Flüssigkeit weiter auffüllen und bis zum Erstarren (ca. 6 Stunden) kalt stellen.